上海高校服务国家重大战略出版工程出版资助

英国利兹大学藏中国纺织服饰文物研究

A Study of the Collection of Chinese Textiles and Costumes at the University of Leeds

李晓君

钟　宏

Michael Hann

著

东华大学出版社

·上海·

图书在版编目（CIP）数据

英国利兹大学藏中国纺织服饰文物研究 : 汉、英 /
李晓君, 钟宏, (英) 迈克尔·汉恩著. -- 上海 : 东华
大学出版社, 2021.8
　　ISBN 978-7-5669-1947-2

　　Ⅰ.①英… Ⅱ.①李… ②迈… Ⅲ.①纺织品—历史
文物—研究—中国—汉、英②服饰—历史文物—研究—中
国—汉、英 Ⅳ.①K875.24

中国版本图书馆 CIP 数据核字（2021）第147851号

责任编辑 : 马文娟
文字编辑 : 张力月
装帧设计 : 上海程远文化传播有限公司

英国利兹大学藏中国纺织服饰文物研究
YINGGUO LIZI DAXUECANG ZHONGGUO FANGZHI FUSHI WENWU YANJIU

英文书名 : A Study of the Collection of Chinese Textiles and Costumes at the University of Leeds

著者 : 李晓君 Jillian Li　　钟宏 Zhong Hong　　迈克尔·汉恩 Michael Hann
出版 : 东华大学出版社（上海市延安西路1882号，200051）
本社网址 : http://dhupress.dhu.edu.cn
天猫旗舰店 : http://dhdx.tmall.com
营销中心 : 021-62193056　62373056　62379558
印刷 : 上海雅昌艺术印刷有限公司
开本 : 889mm×1194mm　1/16
印张 : 19.75
字数 : 632千字
版次 : 2022年1月第1版
印次 : 2022年1月第1次印刷
书号 : ISBN 978-7-5669-1947-2
定价 : 398.00元

作者简介

　　李晓君，博士，致力于纺织服饰史的研究和教学，著有《清代龙袍的时代特征和文化意蕴》《清代服饰制度与传世实物考·男装卷》《清代服饰制度与传世实物考·女装卷》《中国服饰这棵树》等著作；发表论文《马褂考》《天鹿锦还是麒麟补》《追溯海派服饰源流》*Dragon robe & Imperial Power in Chinese History*, *Costume Culture Integration between east and west in China* 等学术论文数十篇；主持策划"清朝闺秀服饰展""绮罗锦绣——明清织物珍品展""丝绸之路在非洲——肯尼亚纺织品艺术展""百年蕾丝——设计之美""中国传统织绣文化展"等众多专题展览。

About the Author

　　Xiaojun Li (Jillian) received her Ph.D. from Donghua University. She has researched many different international textiles and she has published many books, including *Research on the Characteristics and Culture of Dragon Robes in Qing Dynasty*, *Costume System and Heritage of Men's wear in Qing Dynasty*, *Costume System and Heritage of Women's Wear in Qing Dynasty*, *The Tree of Chinese Costume History*, etc. also, She published many academic essays, for example *Dragon Robe & Imperial Power in Chinese History*, *Costume Culture Integration between East and West in China*, etc. As a museum curator she helped facilitate many exhibitions, such as "Lady's Wear in Qing Dynasty", "Satin Brocade: Textiles in Ming & Qing Dynasty", "Silk Road in Africa: Kenya Textile Art Exhibition", "Beauty by Design: Fashioning the Renaissance", "Chinese Traditional Culture of Textile & Embroidery", etc.

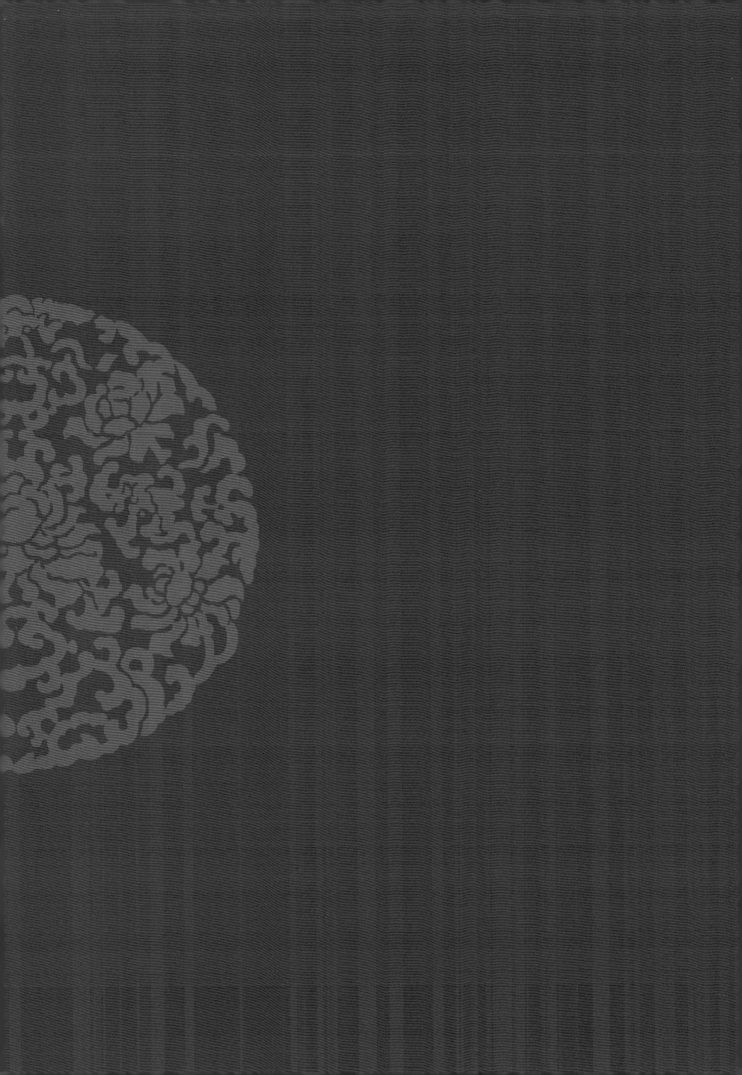

序
Preface

序

    利兹大学收藏的大部分清代织物据信是阿尔德雷德·法勒·巴克教授（Aldred Farrar Barker）和他的儿子肯尼思于 20 世纪 30 年代在中国收集后捐赠给当时利兹大学纺织博物馆的。尽管似乎在更早之前已经由学生们捐赠了一些清代织物，现在由于资料所限我们已经无法查证这些捐赠。2015 年波比·黑斯廷丝（Bobby Hastings）女士将她于 20 世纪下半叶在香港收集的 54 件饰品捐赠给了利兹大学，更加充实了中国织物收藏内容。黑斯廷丝的部分藏品可能时代稍晚一些，来自民国初年。2017 年，与英国曼彻斯特纺织学会关系密切的已故著名纺织专家克莱门茨·内森（Clements N. Nathan，1933—2015）家人捐赠了一批图像资料（多幅为手绘），进一步加强了利兹大学的中国艺术收藏。内森的藏品大约有一半源于晚清的中国，主要是描绘各种形式的中国传统纺织工艺的水彩和水粉画，现已全部收录于本书中。

    该研究项目代表了东华大学上海纺织服饰博物馆与英国利兹大学的合作。本书的公开出版将提升利兹大学藏品信息录入和馆藏目录，同时也可以提高中国学者对清代丰富文化遗产的认知。有趣的是，巴克教授和他的儿子肯尼思在其 1934 年的报告中建议在上海建立一个纺织博物馆；而目前坐落于东华大学的"上海纺织服饰博物馆"是否应该起源于此，也未可知。

迈克尔·汉恩教授

英国利兹大学

设计理论学科 主任

国际纺织品档案馆 馆长

2018 年 11 月 21 日于上海

Preface

It is believed that the bulk of the Leeds Qing dynasty collection was amassed in China and given to the then Textile Museum at the University of Leeds, by Professor Aldred Farrar Barker and his son Kenneth in the 1930s, though seemingly some items may have been donated a few years earlier by students (but today, the lack of documentation has prevented the identification of these). In 2015, the collection received a boost following a donation from Ms Bobby Hastings of 54 accessories, collected in Hong Kong during the latter half of the twentieth century. Some of the Hastings items are relatively modern pieces (from years after the Qing dynasty). A further enhancement to the Chinese visual arts at Leeds occurred in 2017 when a collection of images (many hand painted) was donated by the family of the late Clements N. Nathan (1933-2015), a well-known textile expert associated closely with the Textile Institute of Manchester, UK. Around one half of the items constituting the Nathan collection was produced during the Qing dynasty, mainly in watercolour and gouache. Depicting various forms of textile processing, many are re-produced in this book.

This project represents collaboration between Shanghai Museum of Textiles and Costume at Donghua University, and the University of Leeds (UK). The published outcome will enhance the catalogue entries of the items at Leeds, and will also generate an enhanced awareness among scholars of the rich cultural heritage of China during the Qing dynasty. It is interesting that Professor Barker and his son Kenneth, in their 1934 report, recommended the establishment of a textile museum in Shanghai; it is not known, however, if the current museum, known as 'Shanghai Museum of Textiles and Costume' (at Donghua University) owes its origins to comments in the 1934 report.

Professor Michael Hann
Chair of Design Theory, and Director of
ULITA – An Archive of International Textiles,
University of Leeds, UK.
21 November 2018, Shanghai

凡例

1 本书按照收录顺序，对利兹大学国际纺织品档案馆（ULITA）的中国藏品进行了重新编号，但同时也保留了原有的馆藏编号。由于藏品来源和入馆年代的不同，ULITA 的藏品编号方式和体例也有所不同，在本书收录的藏品中，主要分为三部分：

第一部分为 ULITA 旧藏，它们大部分来源于巴克教授的捐赠，也有利兹大学早期中国学生的捐赠，这些藏品统一编号以 Inv.No.（Inventory number）加数字的方式进行编号，例如 Inv.No.:001。

第二部分为波比·黑斯廷丝女士于 2015 年的捐赠，这些藏品的编号中统一加入了 2015，例如 Inv.No.：2015.190。

第三部分为克莱门茨·内森先生于 2016 年捐赠各国织造工艺图中的 24 件中国染织图，统一编号为 LEEUA 2016，例如 LEEUA 2016.050。

2 本书的藏品编号与 ULITA 的编号并非一一对应。笔者将可以成对或者多件一组的藏品进行了合并，同时注明了其各自原有的馆藏编号。

3 未注明件数的藏品，皆为单件。

4 书中涉及到的外国人姓名或外国机构组织的名称大部分保留了英文原名，未做翻译。只有部分使用频繁的、且原作者指定中文的，采纳了中文名称，以示对作者的尊重。

Explanatory Notes

1. We give every piece or group of the collection in the book a new serial number, as we choose and classify the collection according to the contents. We also list the original number in ULITA. There are three different types of numbers as follows in ULITA:

a. The first type of serial numbers is Inv.No.(Inventory number), ex: Inv. No.:001. Most of them are from Professor Eldred Barker and his son Kenneth, and several were donated by Chinese students.

b. The second group was donated by Ms. Bobby Hastings in 2015. This collection was numbered ex: Inv.No.:2015.190.

c. The third group was from donations made by Mr. Clements N. Nathan in 2016, which contains 24 Chinese paintings illustrating techniques of textile processing, uniformly numbered LEEUA 2016, e.g. LEEUA 2016.050.

2. The serial numbers in this book are not exactly linked one to one with the original numbers in ULITA. We combined some pieces as a group when they are a pair or come from the same fabric. Some groups may be linked with several different original numbers.

3. The pieces that are not stated as a pair or a group, are single ones.

4. Most of the English names of individuals or organizations are not translated into Chinese in the book. Only several frequently-mentioned names have been translated on request of the author, we respect such requests.

目录

CONTENTS

Preface

Explanatory Notes

PART I   Essays

PART II   Catalogue

Afterword

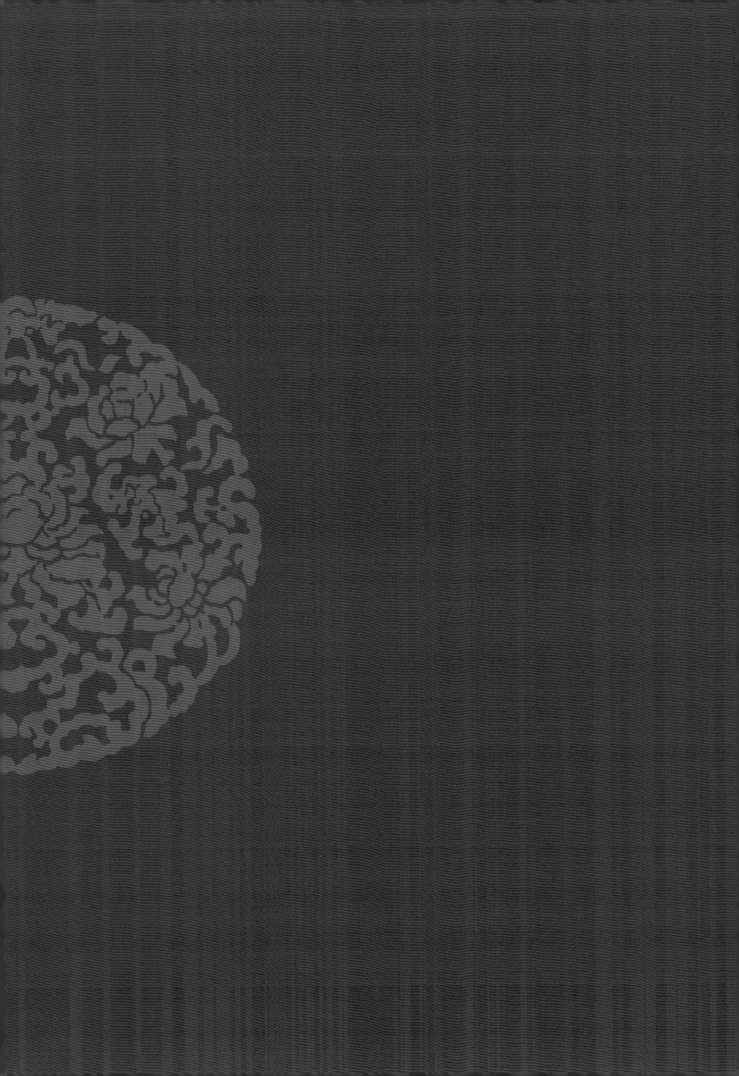

第一部分 | 论文
PART I | Essays

利兹大学藏清代织物——溯源解析

迈克尔·汉恩（英国利兹大学设计学院）

一、引言

据信，利兹大学国际纺织品档案馆（以下简称ULITA）收藏的大部分清代织物来自于英国利兹大学纺织工业教授阿尔德雷德·法勒·巴克（1868—1964）的捐赠，他于1933年退休后，曾经定居上海。大约在20世纪30年代末，巴克去了澳大利亚，直到他1964年离世。本文概述了巴克的生平活动情况，特别是利兹大学的清代纺织品收藏有关的内容。他对英国以外的纺织品的热衷，很可能是由于其对教育和学习的国际视野促成的。

二、早年生涯

1868年5月31日，阿尔德雷德·法勒·巴克出生于利兹奥尔顿附近的弗利特厂区。他的成长深受教会（英格兰圣公会）的影响，也常去利兹城市美术馆去接受艺术的熏陶。他的父亲是该美术馆原创理事会的成员之一（Barker，1956）。从他的自传（包括Barker，1956）来看，从小至16岁，他经常访问父亲的工厂，一座被当地人称为"羊脛厂"的建筑物（位于利兹的柯克斯托尔路，直到20世纪末被拆除）。

1884年，他获得伦敦金融城纺织者敬业公司（通常称为"纺业"公司）的奖学金，入学约克郡学院（利兹大学的前身）（Anon，1934）。学习期间他特别难忘的是参加了刘易斯·福尔曼·戴（英国著名设计大师威廉·莫里斯的同时代设计师）的艺术课程（Anon，1934）。他成为学生会的财务主管，并建立了学生纺织协会（该协会成为邀请客座学者到学院来讲课的主要平台）（Barker，1956）。1887年，巴克毕业后（应该获得了约克郡学院的文凭，虽然他后来在1904年利兹大学成立时还拿到了理学硕士学位），被任命为索泰尔技术学校纺织系主任，并创立了西普利纺织协会（Barker，1956）。索泰尔和西普利都是位于英格兰北部西约克郡利兹附近的小城镇。索泰尔村是由提图斯·索特爵士（1803—1876）于1853年左右出资建成，给索特纺织厂的工人职员们提供住宿（http://www.saltsmill.org.uk/）。虽然索特在巴克来此地工作之前几年去世了，但很可能巴克与后来几任厂长均有互动。工厂位于学校附近，在索特去世后继续在运营。尽管工厂大楼的所有权几经易手，纺织生产一直是其目的，直到20世纪末才关闭。1894年，巴克在索泰尔任职几年后，就任了布拉德福德技术学院纺织系主任（显然他上任后设计安排了该系的发展布局，并为设备的购买和安装出谋划策），在那里他继续工

The Qing Dynasty Textiles Held at the University of Leeds —— An Appraisal of Sources

Michael Hann (School of Design, University of Leeds, UK)

1. Introduction

It is believed that the bulk of the collection of Qing dynasty textiles held at ULITA – an Archive of International Textiles was donated by Professor Aldred Farrar Barker (1868-1964) Professor of Textile Industries (University of Leeds, UK) who, after his retirement (in 1933), went to live in Shanghai. Seemingly, it was in the late 1930s, that Barker travelled to Australia where he lived till his death in 1964. This chapter outlines the nature of Barker's activities particularly where they are of relevance to the Qing dynasty textile collection held at the University of Leeds. It is likely that his international perspective on education and learning was a contributing factor to his fascination with textiles produced outside the UK.

2. Early years

Aldred Farrar Barker was born at Fleet Mill near Oulton, Leeds on 31 May 1868. His upbringing was influenced strongly by church (Church of England) and by visits to the City Art Gallery in Leeds where his father was a member of the original art gallery committee (Barker, 1956). Autobiographical sources (including Barker, 1956) suggested that from an early age, until 16 years old, he often visited his father's factory, in a building known as "Sheepshanks Mill" (located, until its demolition in the late-twentieth century, on Kirkstall Road, Leeds).

In 1884 he obtained a scholarship from the Worshipful Company of Clothworkers of the City of London (known generally as the "Clothworkers' Company") thus attended the Yorkshire College (the predecessor of the University of Leeds) (Anon, 1934). He recalled particularly, attending art classes given by Lewis Foremen Day (a contemporary of William Morris, the eminent British designer) (Anon, 1934). He became treasurer of the Student Association and established the Student Textile Society (which was to become a major platform for inviting guest lecturers to the College) (Barker, 1956). In 1887, after graduation (presumably with a Yorkshire College Diploma, though he was subsequently awarded an MSc on the formation of the University of Leeds in 1904), Barker was appointed Head of the Textile Department at Saltaire Technical School, and founded the Shipley Textile Society (Barker, 1956). Both Saltaire and Shipley are small towns located close to Leeds, West Yorkshire, in the north of England. The building of Saltaire village was financed by Sir Titus Salt (1803 – 1876), around 1853, to house the workforce

作到 1914 年，并且是布拉德福德纺织协会（该学会在 21 世纪初仍然活跃）的创始成员（Barker，1956）。1912 年，巴克在布拉德福德技术学院任教期间，曾应邀到剑桥大学协助 T.B. 沃德教授（当时的农业教授）进行绵羊杂交育种研究（Barker，1956）。1914 年，巴克作为罗伯特·比尔芒特教授的继任者，被选为利兹大学纺织工业系系主任，并于同年 9 月进行了他的首次公众演讲（题为"绵羊与羊毛"）（Barker，1956）。在 1914 年布拉德福德纺织协会为他在各处获得的荣誉和嘉奖举办了一次晚宴（Barker，1956）。他被利兹任命之后不久还参与其他许多活动，例如当上了新成立的利兹大学赛艇俱乐部主席，他对这项活动的关注可以从利兹大学图书馆的特别馆藏中的各种电报和文件副本上得以体现（Barker，1914—1934）。在其早期的职业生涯中显而易见的是他对纺织品及其制造的深刻理解。他对各类纤维的加工生产需求具有广泛认知（尽管早已是毛纺方面的权威），并且对纺纱、面料、结构、染色和整理具有丰富的经验和知识。事实上，当时世界上都很难再找到有任何人比他对纺织有更全面的了解了。阿尔德雷德·巴克教授自称是利兹大学"纺业"系的典型出品，从 1914 年到 1933 年一直担任该系的第三任系主任（Barker，1956）。他还是《利兹大学纺织协会杂志》和《纺织科学杂志》长任编辑。他是后者的主要撰稿人，主要负责撰写与国际毛纺工业有关的文章，采用了他对欧洲大陆、美洲、南非、印度、中国及其他地区访问调研的信息。巴克后来也撰文写了他在利兹大学退休后的生涯［Barker，2007（1938）］。

三、英国之外的游历

从他在利兹大学任系主任的时候起，巴克就四处游历了。1919 年秋天，他游览了加拿大和美国（似乎与当时的威尔士亲王同时出访，但不知道他们是否相遇）（Barker，1956）。1920 年，在与苏格兰爱丁堡大学的科萨·埃瓦特教授相会时，他们讨论了将秘鲁发展成为羊毛出产国的可能性（Barker，1927a；Barker，1956）。他们还想确定秘鲁羊是否能在英国茁壮成长（Barker，1956）。1921 年，巴克对秘鲁的羊毛出产进行了一些跟进研究，并于 1926 年初接受了秘鲁总统的邀请访问该国，视察和报道了那里的羊毛试验（Barker，1914—1934）。随后他走访了秘鲁、玻利维亚、巴西和阿根廷等国有纺织品加工业的各类地区。ULITA 官网上可以看到上世纪 20 年代后期拍摄的一部电影，其内容与巴克写的报告"秘鲁作为养羊和羊毛生长国家的发展前途"相关。这部电影在 2016 被重新发现，并在 2017 年由利兹文哲学会资助制成了数码拷贝。（http://ulita.leeds.ac.uk/research/videos/）

1923 年，巴克在澳大利亚的悉尼和墨尔本举办的泛太平洋学术研讨会上作了关于美利奴羊毛方面的讲座（他在退休多年后才逐渐了解这个国家），不久后又访问了南非（Barker，1956）。1926，巴克写信给《伦敦时报》的编辑阐述了羊

of Salt's Mill (http://www.saltsmill.org.uk/). Although Salt died several years before Barker's arrival, it is likely that Barker had interactions with the subsequent directors of the mill which was located close to the college and had continued to operate after Salt's death; although the building changed ownership, textile manufacture was its purpose until closure in the late-twentieth century. In 1894, some years after appointment in Saltaire, Barker became Head of the Textile Department at Bradford Technical School (apparently, he helped to design the layout and advised on the purchase and installation of equipment) where he continued to work until 1914 and was a founding member of the Bradford Textile Society (a society still being operational in the early-twenty-first century) (Barker, 1956). In 1912, while still engaged at Bradford Technical School, Barker was invited to Cambridge University to assist Professor T. B. Wood (the then Professor of Agriculture) with sheep cross-breeding research (Barker, 1956). In 1914, Barker was elected to succeed Professor Roberts Beaumont as Chair of Textile Industries at the University of Leeds and gave his first public lecture (entitled 'Sheep and Wool') in September of the same year (Barker, 1956). In 1914, the Bradford Textile Society hosted a dinner in his honor and accolades came from near and far (Barker, 1956). He was also involved in other activities and, shortly after his appointment in Leeds, he became President of the newly formed University of Leeds Boat Club; his attention to this activity is highlighted through copies of various telegrams among papers and documents held in Special Collections at the University of Leeds Library (Barker, 1914-1934). What was apparent from his early career was his deep appreciation of textiles and their manufacture. He had a clear familiarity with the processing requirements for a wide range of fibre types (though he had already become a noted authority on wool), while owing a sophisticated knowledge of yarns, fabrics, structures, dyes and finishes. In fact, it is difficult to identify anyone worldwide at the time whose knowledge of textiles eclipsed his. Calling himself a "typical product of the Clothworkers' Department of the University of Leeds", Professor Aldred Barker became the Department's third Chair from 1914 to 1933 (Barker, 1956). He was also an Editor of longstanding for The Journal of the Leeds University Textile Association, as well as the The Journal of Textile Science. He was a prime contributor to the latter journal, principally with articles concerned predominantly with the international wool industry, drawing on his visits to continental Europe, the Americas, South Africa, India, China and elsewhere. Some aspects of his career in the years after retirement from Leeds are mentioned in Barker [2007 (1938)].

3. Travels outside Britain

From the time of his appointment to a Chair in Leeds, Barker travelled extensively. In the autumn of 1919 he toured Canada and United States (seemingly at the same time as the then Prince of Wales, though it is not known if they met) (Barker, 1956). At a meeting in 1920 with Professor Cossar Ewart (of Edinburgh University in Scotland) they discussed the possibility of developing Peru as a wool-growing country (Barker, 1927a; Barker, 1956). They

毛生产在世界各地的情况。他担忧的是，由于牛肉需求人们正在以养牛取代养羊，从而影响到世界的羊毛生产，也影响到许多地方经济。他写道："先生，我刚从广袤的南美大陆游历回来，走遍了南美洲大部分的养羊区和羊毛生产区。我以前为了研究那个大陆的羊毛贸易而访问过澳大利亚，如果能允许我通过您的专栏，呼吁大家关注羊毛工业发展缓慢但又不可或缺的严峻形势，我将不胜感激。"（Barker，1927b）1928年，在游历了德国和法国之后，他公开发表了诸多忧虑，关于"人造丝"对羊毛贸易如何构成威胁，以及羊毛产业如何污染约克郡的河流。1930年，他通过BBC电台广播了一个关于从18世纪末到20世纪初羊毛产业发展的回顾演说，同年晚些时候又在悉尼演讲相关内容。翌年（1931）他应邀前往克什米尔，于1931年6月25日离开伦敦，7月16日抵达克什米尔（Barker，1956），显然当时国际旅行需要的时间比21世纪初要长得多。抵达克什米尔后，他的初衷是调查该地区的养羊业和羊毛产业，但他看到有机会对各种小作坊工业进行更为广泛的调查，包括羊绒披肩、地毯和围巾的生产。后来在1933年他发表了一份关于克什米尔小作坊纺织工业和发展前景的报告（Barker，1933）。

四、与中国的纽带

1933年巴克从利兹大学纺织工业系的系主任职位退休。他的告别演说发表在了《纺织科学杂志》上，演说中他形容利兹大学的纺织系拥有"世界独一无二的地位"，并宣称："大学的职能是为心灵创造美丽衣装，而纺织系的特殊职能是为人体创造美丽衣装（Anon，1934）。从利兹大学退休后，他被邀请并同意到上海的国立交通大学（今天被称为上海交通大学，中国最著名的大学之一）工作。1933年10月，他携儿子肯尼思·克罗克斯·巴克来到上海。1934年，经过几个月的旅行，巴克发表了一篇报告，题为《中国纺织工业——其现状和未来的可能性》，内容涉及纺织制造业的结构（主要讨论中国，也包括部分日本制造业的参照内容）。这篇报告与利兹大学收藏的清代织物有直接关联，因为据信其中许多藏品是在这次旅行期间收集的。

在中国，巴克见到了以前利兹大学的学生，他们协助他走访了中国各地纺织产区。他的这些中国学生也为利兹的藏品提供了一个可追溯的来源。例如，20世纪初期在利兹大学读书的罗厅余教授及校友王家鸾都曾经捐赠中国丝织品和刺绣丝绸给当时的纺织博物馆；但现在已失去了可证实其捐赠的是哪些藏品的信息。这里提到的纺织博物馆是ULITA的前身。一份过去的评估文件/目录（看起来是在20世纪上半叶产生的）记载了以下内容："两件中国长袍，由Hermione Unwin小姐捐赠，16 Clarendon Place, Leeds 2"。这两件藏品现已无法具体确定，但可以推测，被归入巴克清代织物的部分藏品有可能是他人捐赠的。然而，由于缺乏详细信息，目前无法进一步确认这些藏品的确切来源。

also wanted to establish if Peruvian sheep could thrive in the UK (Barker, 1956). In 1921 Barker carried out some follow-up research relating to the wool supplies of Peru and, in early-1926, he accepted an invitation from the President of Peru to visit the country and he inspected and reported on wool experiments there (Barker, 1914-1934). Subsequently, he toured various textile processing areas not just in Peru, but also Bolivia, Brazil and Argentina. A digital copy of a film made in the late-1920s, associated with the report The Prospective Development of Peru as a Sheep-breeding and Wool-growing Country, is featured on ULITA's website. This film was re-discovered in 2016, and was digitised in 2017 with finance from the Leeds Philosophical and Literary Society (http://ulita.leeds.ac.uk/research/videos/).

In 1923, Barker lectured on aspects of merino sheep wool to the Pan-Pacific Science Congress in Sydney and Melbourne, Australia (a country that he was to become familiar with some years after his retirement) and, soon afterwards, visited South Africa (Barker, 1956). In 1926, Barker wrote to the Editor of the London Times on the position of wool worldwide. His concerns were that cattle rearing, for beef, was taking over from wool production, which would affect the world, and also many local economies. As he wrote, "Sir,- Having just returned from an extensive tour of South America, covering most of the sheep raising and wool producing districts of that continent; and having previously visited Australia for the purpose of studying the wool trade of that continent, I shall be much obliged if you will allow me, through your columns, to call attention to the serious position which is slowly, but surely, developing in the wool industry" (Barker, 1927b). In 1928, after touring both Germany and France, he published his concerns on how "artificial silk" was a menace to the wool trade and how wool manufacturing was "polluting" Yorkshire's rivers. In 1930 he gave a BBC radio broadcast concerned with reviewing wool manufacture from the late-eighteenth century to the early-twentieth century and later, in the same year, he lectured again in Sydney. The following year (1931) he was invited to Kashmir; leaving London on 25 June, 1931, he arrived in Kashmir on 16 July, 1931 (Barker, 1956); international travel obviously took a significantly longer period than during the early-twenty-first century. Upon arrival in Kashmir, his initial intention was to survey the sheep-breeding and wool-growing in the region, but he saw an opportunity for a more wide-ranging investigation into various cottage industries, including the production of pashmina, carpets and shawls. Later, in 1933, he published a Report on the Cottage Textile Industries of Kashmir and Their Prospective Development (Barker, 1933).

4. The Chinese connection

In 1933 Barker retired from the Chair of Textile Industries, at the University of Leeds. His farewell speech, which was published in The Journal of Textile Science, described the textile department at Leeds as holding "a world-unique position" and claimed that: "while it is the University's function to

巴克在游历了中国的纺织品产地之后，建议上海应该建一个纺织博物馆：

"鉴于其它地区开放的纺织品展览馆所取得的实际成功，建议在上海设立这样一个博物馆，坐落于方便当地民众和来自全国及海外的'买家'能及的位置……上海有可能成为远东最华丽的商业中心，应该为中国纺织工业的利益而被开发利用。"（Barker and Barker，1934: 145）

若干年后，在 1938 年，他评论说，"……我儿子和我都认为我们必须向中国当局建议筹建一个中央博物馆。"［Barker，2007（1938）］

因此，据信利兹收藏的大部分藏品都是巴克教授和他的儿子肯尼思在 20 世纪 30 年代收集的，尽管有些藏品似乎另有其他来源。巴克在上海时，古物市场有很多有价值的物品。此外，巴克作为来访贵宾，可能有条件获得比其他情况下品质更高的物品。然而，尚不清楚的是，21 世纪初建立在东华大学的"上海纺织服饰博物馆"是否与 1934 年报告中的建议有关。

五、利兹大学的清代藏品

与巴克有关的清代藏品包括 204 件 19 世纪和 20 世纪早期的刺绣、缂丝、漳绒或其他织物，覆盖用途广泛，包括从各种服装和室内装饰物品到壁挂作品。204 件藏品中包含一卷印花棉布和一件绢本手绘故事图。此前，这些藏品被分类为 200 件［因为其中 4 件与类似藏品（成对）分组，因此归入一个目录］：80 件刺绣品（包括 33 件装饰织物，33 件服装，9 件壁挂，5 件其他刺绣品）；39 件缂丝织物（包括 4 件装饰织物，16 件服装，19 件壁挂）；79 件"其他织物"（包括 39 件装饰织物，20 件服装，20 件其他物品）；1 件印花布（20 世纪初的滚筒印花织物）和 1 件手绘作品（可能是 19 世纪下半叶的丝绸绘画作品）。（钟宏，1989；Hann 和 Thomson，1990）

巴克的大部分藏品都是丝织物。很多已被裁剪和缝纫为长方形；这些织物可能最初是为了缝制服装而设计的，而后来被重新缝改，以迎合利润相对较高的西方古董市场（在西方，装框的长方形织物便于挂在墙上，因而被定购拿去展售）。

2015 年，ULITA 的清代收藏得到了新的充实，波比·黑斯廷斯女士捐赠了 54 件饰品，包括领围、童帽、荷包和扇袋等，全部为丝织品。这些饰品是于 20 世纪下半叶在香港收集的，其中包括几件比较现代的藏品（民国时期）。

2017 年，中国的视觉艺术作品在利兹大学的收藏得到进一步充实，大学收购了来自克莱门茨·内森（1933—2015）家族的 50 多幅彩绘或印刷图像。他是著名的纺织专家，并且与英国曼彻斯特纺织学会有着密切的关系。这些图像描绘了各种形式的织造工艺，尽管有大约一半为欧洲的工艺，但是仍旧有相当数量（总共 23 幅）来自中国，时代上可以追溯至清朝，内容上描绘了传统织造工艺的各个环节，主要使用水彩和水粉绘制，这些图像全部收录于本书中。

create beautiful clothing for the mind, while it is the special function of the Textile Department to create beautiful clothing for the human body" (Anon, 1934). On retiring from his position at the University of Leeds, he was offered (and accepted) a position at National Chiao Tung University, Shanghai (known commonly today as Shanghai Jiao Tong University, one of the foremost universities in China). In October 1933, he arrived in Shanghai with his son Kenneth Crookes Barker and, in 1934, after several months of travel Barker published a report (entitled: The Textile Industries of China. Their Position and Future Possibilities) dealing with the organisation of textile manufacture (mainly in China, though there was some reference in the report to manufacture in Japan as well). It is this publication which is of direct relevance to the Qing dynasty textiles held in Leeds, for it is believed that many of these were amassed during the time of this tour.

While in China, Barker met former students of the University of Leeds, who assisted with his tour of Chinese manufacturing areas. Some further potential sources for some of the Leeds textiles can also be identified. For example, Professor Lo Ting Yu, who had studied at the University of Leeds in the early-twentieth century had donated" Chinese silk fabrics and embroidered silks" to the then Textile Museum (as had, it seems, fellow former student Wong Ka Luen); information that would help to identify these textiles is however not available. The Textile Museum mentioned is the predecessor of ULITA. A past valuation document/catalogue (produced, it seems, in the first part of the twentieth century) included the following: "2 Chinese robes presented by Miss Hermione Unwin, 16 Clarendon Place, Leeds 2". The further identity of these two textiles cannot be established. Therefore, it can be surmised that some of the textiles classified as among the Barker Qing dynasty textiles were donated by others. Further confirmation and the precise identity of these items is not, however, possible currently due to lack of further information.

One of Barker's recommendations, following his "tour" of textile producing areas in China, was that Shanghai should establish a textiles museum:

"In view of the practical success which has attended Textile Display Museums elsewhere, it is recommended that such a museum be instituted in Shanghai and be situated well within the reach of the promenading public and of 'buyers' from all over China and from abroad... The possibilities of Shanghai as the most wonderful 'emporium' of the Far East might then be exploited in the interests of the Chinese Textile Industries" (Barker and Barker, 1934: 145).

Some years later, in 1938, he commented that "...my son and I agreed that we must recommend to the Chinese authorities the development of a Central Museum"[Barker, 2007 (1938)].

So, it is believed that the bulk of the Leeds collection was amassed by

六、结论

利兹大学的巴克清代织物收藏成为了钟宏教授（本书作者之一，2018 年正任教于东华大学）论文的来源。1989 年在利兹大学读研究生的钟宏提交了一篇论文，题目是《清代纺织品纹样——纺业图书馆特别收藏之实物研究》（钟宏，1989）。这被用作 21 世纪初利兹大学藏清代织物相关目录条目的基础。目前，ULITA、上海纺织服饰博物馆和东华大学上海国际时尚创意学院（SCF 学院）之间的合作项目进一步完善了藏品目录，同时也有助于对利兹大学图书馆特别馆藏的巴克文档和其他论文的考证（Barker，1914—1934）。

许多利兹大学收藏清代织物的设计似乎严格遵循标准格式，使用熟悉的符号，色谱包括红色、蓝色、黑色、白色和偶尔使用的正黄色或灰绿色。缎面绣为刺绣织物上常见的针法，缂丝织物以织为主，亦有缂画结合，加之手绘以增加图案细节。虽然有部分漳绒织物破损严重，但这些藏品整体保存状况良好，适合展览。Wilson（1986，2005）和 Garrett（2008）曾对清代织造生产的细节作了全面地探讨，两者均为对清代织物和服饰设计增强认识的良好信息来源。此外还有众多著作可供参考，例如艾伦（1993）关注于特定一类织物，但是仍然提供了关于纹样和设计的丰富信息，为诸多媒体所引用。

20 世纪 80 年代以来，利兹大学的收藏引起了外界学者和写相关内容论文的学生们广泛关注。多次相关展览在利兹大学美术馆或圣威尔弗雷德教堂（ULITA 的原址）举办。这些活动引起了利兹大学校内（有一个十分活跃的中文系）以及英国本土、欧洲大陆和北美各博物馆学者们的极大关注和兴趣。现在所有的利兹大学的纺织藏品都用无酸纸包装，平置或卷轴，存放在无酸盒子中，并储存在理想的湿度和温度条件环境里。为了本书的图像采集，每一件藏品都被仔细地展开进行拍摄，随后被重新存储在上述环境中。总之，为本书所进行的此项目是上海纺织服饰博物馆、东华大学上海国际时尚创意学院和 ULITA 合作努力的结果。希望未来的进一步成果将是在利兹举办清代织物特展，理想情况下展览将包括以下三部分：巴克的清代织物收藏，清代配饰收藏和克莱门茨·内森的绢本染织图系列。

参考文献和其他注释来源：

构成本文内容的大部分信息源自各种文件（包括利兹大学图书馆特别馆藏的档案材料）和在 ULITA 保存的许多文献。文献中有一些日期不能确定，有的来源也不很清楚，但在这篇文章的写作中，它们仍然是有价值的。Barker（1956）是一篇很好的综合性文章（也是对其它各种文件和档案中的信息提供支持的文章）。下面（英文部分）列出了上文中未指明的参考文献和其他注释来源，因为我相信，这些文献资料可能对研究 A.F. 巴克教授职业生涯的其他人有价值。

Professor Barker and his son Kenneth in the 1930s though seemingly some items were from other sources. When Barker was in Shanghai, there was much of value on the antiquities market. Also, Barker's status as a visiting dignitary, may have allowed him access to higher quality items than may have been the case otherwise. It is unknown, however, if the establishment of the textile museum, 'Shanghai Museum of Textiles and Costume', located in the early-twenty-first century at Donghua University (Shanghai), was related to the recommendation in the 1934 report.

5. Qing dynasty items held at the University of Leeds

The Qing dynasty textiles associated with Barker consist of 204 nineteenth-century and early-twentieth century embroideries, ke-si-woven tapestries, velvets or other woven textiles, with end uses ranging from various garment-related applications and furnishings to wall hangings. A single roller-printed cotton and a painted textile feature as well within the 204 items. Previously the collection was classified as consisting of 200 items [as it is believed that four pieces were grouped with similar items (in pairs) and were thus catalogued under one heading only] : 80 embroidered pieces (33 furnishing fabrics, 33 costume items; 9 wall hangings, 5 other embroidered items); 39 ke-si-woven pieces (4 furnishing fabrics; 16 items of costume; 19 wall hangings); 79 "other woven" items (39 furnishing fabrics; 20 items of costume; 20 other items); 1 printed item (early-twentieth century roller printed) and 1 painted item (probably a water-based painting on silk from the late-nineteenth century) (Zhong 1989; Hann and Thomson, 1990).

The vast bulk of the Barker items is made of silk. A large number are cut and stitched in rectangular form; these may well have been destined initially for some garment use and were re-formed to make more suited to the relatively lucrative western antiquities market (where rectangular framed pieces could be hung more readily on walls and so were purchased to be placed on sale in the west).

In 2015 the Qing dynasty collection at ULITA was enhanced by a donation from Ms Bobby Hastings of 54 accessories including collars, hats, purses and fan cases, all made of silk. These were collected in Hong Kong during the late-twentieth century and include a few relatively modern pieces (from years after the Qing dynasty).

The Chinese visual arts were represented further at the University of Leeds, in 2017, by the acquisition of a collection of over 50 painted or printed images, from the family of the late Clements N. Nathan (1933-2015), a well-known textile expert associated closely with the Textile Institute of Manchester, UK. The images depict various forms of textile manufacture, around half European in origin, though a significant number (24 items in total) are Chinese, dating back to the Qing dynasty, and feature various forms of textile processing, with images achieved mainly using watercolour and gouache; many are reproduced in this book.

6. In Conclusion

The Barker collection of Qing dynasty textiles held at Leeds formed the source of the thesis by Professor Zhong Hong (associated with Donghua University, Shanghai, in 2018, and a contributor to this publication). In 1989, Zhong Hong, a former student at the University of Leeds, submitted the thesis entitled: "The Patterning of Qing Dynasty Textiles——A Case Study of The Clothworkers' Library Special Collection" (Zhong, 1989). This was used as the basis of the catalogue entries associated with the Qing dynasty textiles at Leeds in the early-twenty-first century. The current project, featuring collaboration between ULITA, Shanghai Museum of Textiles and Costume and SCF staff at Donghua University (Shanghai), has enhanced the catalogue further, and this has been helped also with the examination of the Barker collection of documents and other papers held by the University of Leeds Library Special Collections (Barker, 1914-1934).

The design of many of the Qing dynasty textiles at Leeds appears to adhere closely to a standard format, with the use of familiar symbols and a colour palette of primary red and primary blue, black, white and occasional primary yellow or secondary green. Satin stitching is common in the embroideries and the ke-si-woven pieces are well woven with only occasional use of painted additions to enhance details. Although some of the velvet-woven pieces are badly worn, overall the collection is in good condition and suited for exhibition. Comprehensive details of textile production during the Qing dynasty have been given by Wilson (1986 and 2005) and Garrett (2008), both good sources to develop an awareness of Qing dynasty textile and clothing design. Numerous further books are available. Some, like Allane (1993), were focused on a specific textile type but nevertheless offered a rich source of information relating to motifs and designs many used across different media.

Since the 1980s, the Leeds collection has attracted much attention from outside scholars and from students who aimed to complete dissertations. Several exhibitions have been hosted at the University of Leeds, either at the University Gallery or at St. Wilfred's Chapel (ULITA's original location). These have generated much attention and interest both from within the University of Leeds (which hosts an active department of Chinese studies) and from scholars further afield in museums in the UK, across continental Europe and North America. All the textiles at Leeds are stored in acid-free tissue and placed, rolled, in acid-free boxes, under desirable humidity and temperature conditions. Each item was carefully unrolled to accommodate photography for this book and was, subsequently, re-stored under the conditions mentioned.

Overall, the project associated with this present book is the outcome of collaborative efforts between Shanghai Museum of Textiles and Costume, SCF at Donghua University and ULITA. It is hoped that a further future outcome will be an exhibition of Qing dynasty textiles at Leeds and, ideally, this will comprise items from each of the three components: the Barker Qing dynasty textile collection; the Qing dynasty accessories collection; the Clements N. Nathan collection of paintings on silk.

References and further annotated sources

Much of the information which forms part of this chapter was sourced from various documents (including archival material held in Special Collections at University of Leeds Library) and numerous cuttings held in files at ULITA. Some of these are not dated and/or precise sources are not clear; they were nevertheless valuable in the development of this text. A good summary article (and one which lent support to the information in the various cuttings and other documentation held) is Barker (1956). Further sources not identified in the above text are listed below also, as it is believed that the identity of these may be of value to others intent on elaborating on the career of Professor A. F. Barker.

Website sources:

http://www.saltsmill.org.uk/

http://ulita.leeds.ac.uk/

http://ulita.leeds.ac.uk/major-collections/qing-dynasty-textiles/

http://ulita.leeds.ac.uk/research/videos/ Catalogue ref: ULITA2017.280.

Digital transfer from nitrate. Original copy (16mm film, 5 minutes 15 seconds, silent, 1926) deposited at British Film

Other sources:

Allane, L. , Chinese Rugs. A Buyer's Guide, London: Thames and Hudson, 1993.

Anon. 'Professor Barker's Farewell Speech', The Journal of Textile Science, iv (4)(1934): 84-85 .

Barker, A.F. miscellaneous papers and correspondence of Professor Aldred Farrar Barker MS1565, University of Leeds Library Special Collections, 1914-1934.

Barker, A. F. The Prospective Development of Peru as a Sheep-breeding and Wool-growing Country, Leeds: University of Leeds (though publisher not identified), 1927a.

Barker, A. F. "The World's Wool: A Serious Problem", The Journal of Textile Science, ii (2)(1927b): 36-37 .

Barker, A. F. A Report on the Cottage Textile Industries of Kashmir and Their Prospective Development, Leeds: University of Leeds (though publisher not identified), 1933.

Barker, A. F. "The Worshipful Company of the Clothworkers' Departments of the University of Leeds. A Historical Sketch Prepared for the Clothworkers' Company", University of Leeds Review, 1956, pp75-89.

Barker, A. F. "The Impact of Western Industrialism on China", East Asian History (Morrison lectures, published by The Australian National University, Canberra, Australia), no 34, 2007 [1938] : 93-111.

Barker, A. F and Barker, K. C. The Textile Industries of China. Their Present Position and Future Possibilities, Shanghai: published by the Office of Publications, National Chiao-Tung University and distributed by them, though a copy was available through University of Leeds Library, 1934.

Garrett, V. Chinese Dress: From the Qing Dynasty to the Present, North Clarendon (VT): Tuttle Publishing, 2008.

Hann, M. A. and Thomson, G. M. Qing Dynasty Embroideries, Leeds: The University Gallery, in association with the exhibition Qing Dynasty Embroideries (26 April to 6th June, 1990), 1990.

Wilson, V. Chinese Dress, London: Victoria and Albert Museum, 1986.

Wilson, V. Chinese Textiles, London: Victoria and Albert Museum, 2005.

Zhong, H. "The Patterning of Qing Dynasty Textiles – A Case Study of The Clothworkers' Library Special Collection", MPhil thesis, University of Leeds, 1989.

Further sources

Annual Reports to the Worshipful Company of Clothworkers of the City of London, of the advisory committee on the Departments of Textile Industries and Colour Chemistry [and Dyeing] in the University of Leeds, 1914-1933; the principal author of these, during this period, was A. F. Barker. Also worth attention is the earlier report for 1897-98 (p.10), which makes comment on the usefulness of the Textile Museum. These are a good source of information relating to developments associated with the Department of Textile Industries at the University of Leeds.

Anon. (1928), The Clothworkers' Departments of Textile Industries and Colour Chemistry and Dyeing in the University of Leeds, souvenir booklet, Leeds: University of Leeds. A good source of general information relating to the departments at Leeds.

Biographical notes, not dated (maybe 1924), "A Leading Figure in the Textile Industry. Professor Aldred F. Barker MSc", The British and Colonial Review.

Various authors (1915-1921), The Journal of the Leeds University Textile Association (two or three issues were published each year, with some copies for the period between January 1915 and October 1921 held at ULITA – An Archive of International Textiles). These are a good source of information on Barker's activities in general, at least during the periods of publication.

Various authors (1924 – 1935), The Journal of Textile Science, (around 3 of these were published each year, between July 1924 and March 1935, with some copies held at ULITA – An Archive of International Textiles). These are a good source of general information on developments in textile knowledge at the time.

在英国研究中国纺织图案
——探利兹大学清代织物收藏的历史脉络

钟宏（东华大学）

一、引言

ULITA 中的中国纺织物收藏非常有特色，但并不广为人知。与其他大博物馆的收藏相比，ULITA 文物收藏的体量也许不算大，却包涵了种类繁多的织物品种、工艺和材料。对众多来自校外的参观者或校内的学生老师们来说，这个收藏提供了他们一个可以零距离地接触与研究各类中国传统织物图案的难得平台。

ULITA 的前身为英国利兹大学校园内为教学而设立的纺织博物馆，馆内大多数中国织物是清末及民国年间由利兹大学纺织系的中国留学生们和英国教授们（特别是老系主任巴克教授）收集过来、捐献给纺织博物馆的。该收藏系列的积累之出发点并不是着眼于藏品的珍稀文物价值，而是其艺术和学术价值，是为了给这所国际纺织名校的学者们提供一个研究东方传统文化及装饰图案的实物资料库。

我们从利兹大学这个中国织物收藏的特定角度着眼，从历史大环境的脉络中去梳理其收藏形成的缘由及特点，可以观察到过去两百多年间东方文化艺术在西方社会生活中的种种影响与积淀之轨迹。探究这些藏品及收藏者的来龙去脉，还可以解读到英中两国纺织学人的早期交流互动，了解到国际间纺织设计教育的一段意义深远的发展历程。

二、历史环境——中国装饰风格的影响

利兹原本是位于英伦腹地的纺织工业重镇，远离时髦都市巴黎或伦敦。人们也许会诧异这里的校园中怎么会有一个陈列精美中国纺织物的博物馆？为什么英国学者们会对中国织物感兴趣？为什么大学里研究毛纺或染整的专家们会用心收集中国织物、热衷于研究中国图案？或许我们顺着历史的脉络可以探索到其各种缘由。

曾经在欧洲风行一时的中国装饰风（Chinoiserie）是随着欧亚海上贸易的发展而形成的。例如中国外销壁纸是于 16 世纪中叶开始由西班牙、荷兰的商人从广州购买后，经澳门运往欧洲出售，深受名媛、绅士们的喜爱。后来东印度公司的庞大船队为这样的远洋文化、物资消费提供了源源不断的陶瓷、织物及其它各

种东方物品，以满足当时欧洲包括英国社会的审美趣味需求，使得民间对收藏中国器物、穿着服饰，以及用中国图案装饰室内的兴趣经久不褪。18 世纪英国社会中的中国风影响，包括英国人对清代中国的服饰与织物的兴趣与关注，今日仍可以从当时学者们的文献和艺术家们的作品里观察到。中国沿海商埠不仅给上流社会贵族、富绅提供订制或收藏中式服饰及室内装饰织物的条件，还提供各种传统图案绣片等织物"半成品"，洋夫人们可以用来装饰自己参加社交舞会的衣装或制作东方剧目的表演戏服（图 1 A）。值得一提的是飘洋过海来到英伦的还有身着大清装束的中国留学生，如早在乾隆三十九年（1774）赴英的广州青年黄亚东，留学期间去过伦敦的皇家学会，也曾去牛津大学帮助整理中文词典和书籍，起到了文化使者的作用（图 1 B）。19 世纪末清廷在维新变法、洋务运动的推动下开始往包括英国在内的西方国家派出一批批留学生。而清末民初到利兹大学留学的不少中国学生直接或间接地为纺织博物馆的清代织物收藏作出了重要贡献。

图 1　A.《叶茨夫人在〈赵氏孤儿〉里扮演曼丹》，蒂利·凯特尔绘，1765 年展出　　图 1　B. 清代最早的留英学生《黄亚东肖像》，乔舒亚·雷诺兹（1776 年）绘

　　利兹位于英格兰北部的西约克郡。时至 18 世纪下半叶，中国装饰风已在这一带兴起。从世袭的王室贵族到新崛起的产业大亨，上层权贵们纷纷以中国传来的工艺、艺术品风格为高档时尚，以中国壁纸装饰室内墙面，以中国陶瓷做摆设，以中国丝绸服饰来打扮点缀，如此兴趣形成了那个时代的品味特色。

　　利兹以及其周边一带乡村如今仍散立着不少家族大宅、世纪老屋，宅中保留着不少过去中国装饰风流行时代的各种痕迹。距离利兹大学不远、保存非常完整且对公众开放的就有两处典型案例：坐落于利兹城北的哈伍德庄园和城东的纽森寺庄园。

　　哈伍德庄园（Harewood House）（图 2 A）的主人是王室伯爵，其住宅中有风格富丽的"中国卧室"，手绘的大幅壁纸（其题材为《耕织图》式样的农耕、节气、风俗连续图景）是 1741 至 1748 年间东印度公司商船"约克号"的船长从广东购进后用于其室内装饰的。壁纸铺开来满壁生辉，图案是典型的"四方连续"，大面积地在墙面伸延，将众多图景自然无缝衔接，与中国传统绘画的立轴或手卷的构图形式区别很大，可见广东画工的用心。特别有意思的是，由于 19 世纪住宅大装修时壁纸被卸下来后，在库房存放了一个多世纪，被发现后又重新装裱上墙，其绘制的色彩仍然鲜亮如新，细节线条细腻清晰，让今日观者惊叹。更难得的是，庄园对这些壁纸的订购及当时相关商贸活动均保存有原始文献记载，具有极高的史料价值。这是早期中英商贸文化交流的重要历史见证。

　　纽森寺庄园（Temple Newsam）（图 2 B）则是当地的一个显赫家族居住了三百年的老宅。19 世纪初庄园女主人赫特福德夫人收到威尔士亲王赠送的一份花鸟图案题材广东外销壁纸的大卷厚礼，于是以此给自家装修了装饰味极浓、色彩华丽的中国客厅。后来的岁月中，女主人不满足原画面上鸟雀品种的单调，不惜拆开自己收藏的珍贵书籍插图，在中国墙纸上作了一系列图像细节的剪贴与上色，使传统工笔花鸟画面上增添了不少奇异飞禽。此后两百年中庄园历经多次装修，唯独这"中国客厅"一直原封不动地保留了下来，精美的壁纸与厅中各种清代瓷器、漆器相互衬映，完整地呈现了昔日中国风的装饰情调。

　　这些充满东方装饰情调的生活空间，以及利兹市立博物馆中收存的大量中国工艺器物，皆反映了当地居民对中国装饰图案的早期关注和欣赏，成为了后来当地学者们和纺织设计师们鉴赏与研究中国图案的社会背景及历史铺垫。中国装饰风格启发和影响了不少西方设计师的艺术手法与创作风格。如 19 世纪引领英国工艺美术运动的纺织设计大师威廉·莫里斯（William Morris）从东方图案中吸取了很多营养。在伦敦时他也常在博物馆东方展馆中流连忘返。凡参观过他和家人居住的乡村老宅的人，不仅惊叹于花园内外各种形态奇异的花草，还对其收藏的大量中国青花瓷印象深刻。正是由于莫里斯能够将自己对自然物种的深入观察与对东西方不同传统艺术形式的借鉴完美结合，才开创了图案设计的新风，成为影响现代纺织艺术设计的一代宗师。

值得提及的是，尽管中国外销到西方的各类工艺品在欧洲及英国社会中曾掀起过阵阵中国装饰风，但在中国国内却鲜有实物或相关史料保存下来，对此类工艺品的制作、商贸运作方式、装饰风格特点等方面研究甚少。广东省博物馆近年从海外搜集、购回了一批清代中国外销精品，其中包括清乾隆广州手绘《农耕商贸图》外销壁纸。而该壁纸正是来自利兹的哈伍德庄园：原来2008年庄园库存的壁纸被用来重新复原室内装饰之后尚有余卷，3年后便附带着其出口档案资料从利兹运返回原产地的博物馆，续了一段回流佳话。2013年广东省博物馆并以此为重点举办了"异趣·同辉——馆藏清代外销艺术精品展"。

图2　A.利兹城北哈伍德庄园住宅中的18世纪中国风卧室

图2　B.利兹城东纽森寺庄园住宅中被女主人"补笔润色"过的18世纪中国壁纸（局部）

三、文献——文化的图案与图案的文化

英国学者们对研究装饰图案的目的、理念与方式之不同，导致了不同类型的相关文献著作出现。设计界的人士往往关注于分析比较不同文化之间图案风格、构成形式的关联与特色，我们或称之为"文化的图案"。而理论界人士往往更关注于"图案的文化"，即深层的视觉图案学理论，研究某特定社会或地域中视觉图案之形成所含文化、宗教、生活方式等因素。前者重形式，致力于艺术视野与风格的拓展；后者重内容，着力于视觉文化研究的深度与体系化。两者在工业革命后的英国艺术界和学术界均渐成风气，融入了高等院校艺术设计教育体系之中。与世界图案研究相关的各种文献著作不断出现，为大学建立和使用多文化实物收藏提供了学术理论上的铺垫。

西方学者们对中国图案的研究和认识，也是经过了相当长时间的接触和观察，逐渐重视起来和深入下去的。18世纪中期海上贸易给欧洲带来大量东方手工艺品的同时，不少英国科学家们、艺术家们和设计师们就努力突破岛国的局限，将视野扩展向了远方的大千世界。对英国当时社会的文化艺术大环境来说，大步跨向世界与大规模引进世界是同时在发生。学术探讨的思想空前开放，艺术设计风格的多样包容，极大推进了跨文化交流的发展，也促成了现代教育体系（包括设计教育的雏形）的建构。用以展现各国艺术、工艺和贸易的大舞台——世界博览会也应运而生。1851年伦敦举办的世博会成功地将不同国家和民族（包括中国）的工业和艺术产品汇集到一个庞大的水晶宫内，展示那个时代的人类物质文明发展的成就。

跨文化交流的发展不仅带来了影响人们审美观的海外艺术品、工艺品，也为学者们提供了观察研究异域文化艺术的有利条件。如伦敦世博会之后其大量展品都转移进了作为国家工艺美术馆而设立的南肯辛顿博物馆（如今的维多利亚与阿尔伯特博物馆）。馆内丰富的东方工艺品收藏（包括中国服饰与织物）与同城的大英博物馆内丰富的东方考古发掘文物收藏遥相呼应，为英国学者们进行比较研究东西方文化中的艺术特征和语汇提供了极佳的原始资料平台，给系统性的跨文化研究带来种种新的可能。

"东方"（Oriental）这个词在英语里其实是非常广义的，泛指欧洲以东的地域，从中东的两河流域一直到远东的中日韩。不少英国学者、设计师都是先关注埃及、波斯、或印度的装饰艺术，之后才接触到中国艺术。一个典型例子是英国设计师学者欧文·琼斯（Owen Jones），他多年致力于从世界各国的装饰纹样中寻找设计方法的通用原则，1856年完成出版了重要著作《装饰法则》（图3 A），对各地图案形式作了系统地分析归纳。此书不仅成了维多利亚时代的一部经典参考图典，后来还出版了各种文字版本，影响和启发了许多设计师。琼斯写作这部著作时主要在地中海一带地区考察，对中国的装饰艺术并没有直接接触，对中国图案并不看好，曾断言中国人缺乏处理纹饰图案结构的能力。而他后来在南肯辛顿博物馆任职直接观察到大量中国装饰工艺品（尤其是清代陶瓷、珐琅与织物）实物时，才意识到自己先前对于中国图案的评论过于轻率。于是在其十余年后出版的《中国纹样集锦》（图3 B）一书中对中国图案做了更为细致的分析梳理，对每一幅根据馆藏实物精制的图版都从装饰原理的角度上进行了阐述，推翻了自己先前的狭隘论点。

在"图案的文化"研究方面，近两百年来西方学者们对东方图案的研究已经硕果累累，令人刮目相看。从利兹大学织物收藏的角度来看，历代纺织学人们之所以能够从接触各类藏品中不断受益，离不开学校图书馆配备相应参考文献的支撑。在网络信息发达之前，利兹大学图书馆藏书中英文文献资料之丰富对于博物馆中国织物收藏的使用效益意义重大。笔者印象极深的一个例子是关于图案象征意义方面的论著。由于清代织物上大量采用谐音吉祥纹样及道、释、儒等宗教纹样，了解纹饰与色彩后面的文化内涵尤为重要。笔者 20 世纪 80 年代在北京中央工艺美术学院教染织图案时，图书馆能找到的相关世界象征图案内容的参考书仅有陈之佛先生写的一本《表号图案》。后来到利兹大学纺织系作研究时，发现图书馆里能找到很多探讨世界各国象征纹饰或其它相关视觉文化内容的文献，包括人类学家或收藏家的著述，感觉利兹的学生们好幸运（图 3 A、图 3 B）。曾找到英国学者威廉姆斯（C. A. S. Williams）写的《中国象征符号及艺术母题》（*Outlines of Chinese Symbolism and Art Motives*）这样的重磅著作，1931 年在北平出版，20 世纪 80 年代在北京却看不到，也难免感慨。

图 3　A. 琼斯《装饰法则》（*The Grammar of Ornament*，1856）中的中国图案一页

图 3　B. 琼斯《中国纹样集锦》（*Examples of Chinese Ornament*，1867）中的一页

四、实物——图案的工艺制作

除维多利亚和阿尔伯特博物馆或大英博物馆这样的国家大收藏之外，在学术上不再依赖于参考文献、注重第一手实物分析的研究方式，为英国各大学自己设立博物馆提供了理论依据和强力推动。大学校园内建的教学博物馆中，像牛津大学的阿什莫林博物馆（Ashmolean Museum）和杜伦大学的东方博物馆（Oriental Museum）都有丰富的中国文物艺术品综合性收藏，为师生们研究汉学及中国历史、考古或艺术提供第一手实物资料。而约克郡学院（利兹大学前身）纺织博物馆的建立，收藏包括中国在内世界各地的织物精品，则主要是着眼于服务纺织设计这个特定专业领域的教学和研究（图4A、图4B）。

图4 A. B. 利兹大学纺织博物馆展厅，1904年

约克郡学院纺织工业与印染系最初由英国纺业基金会（the Clothworkers' Foundation）出资成立，1880年招生开办，1904年成为利兹大学纺织工业系（纺织设计是其中一个专业），后来分设了色彩化学与染色系。而现在的建制已经改成了设计学院和色彩科学系。一个多世纪以来纺业基金会一直是英国重要纺织品历史收藏项目的主要资助者，例如近年来向牛津大学阿什莫林博物馆的新纺织物展厅和利兹大学国际纺织档案馆的建设提供了大量的资金。该基金会致力于协助收藏与保存纺织历史文物，将其支持集中于基金会认为具有民族文化意义的重要织物收藏。

约克郡学院纺织工业系的教授们19世纪末开始收集各类织物样本和图案设计稿，作为纺织及设计各专业的教学资源（图5A）。1892年，藏品的规模和重要性大大增加，于是纺业基金会在学院里捐赠设立了一个纺织博物馆（原名纺业博物馆 Clothworkers' Museum，ULITA 的前身），并于 1895 年聘克拉拉·本顿小姐为第一任馆长。博物馆建立后陆续接受多方捐赠和遗赠，逐渐形成一个样品种类繁多、覆盖不同地区和历史时期的专业教学博物馆，为纺织设计教学和研究提供了难得的资料和条件。建馆初期就有一些当地纺织公司向博物馆提供了各类织物样品和机械模型，也有不少教授和学生为博物馆提供了在各地旅行中收集到的织物设计样品。

20 世纪初利兹大学成立后，在大学纺织工业系任系主任近 20 年的巴克教授一直热衷于对海外纺织品的收集，他退休后到上海交大任教，是 ULITA 清代织物收藏积累的主要功臣。巴克教授是当时国际公认的纺织界技术权威（图 5 B），但他也是纺织技术与艺术相结合的教育理念倡导者，坚信两者相辅相成，互不排斥，缺一不可。他写的著作中就有一本《纺织设计研究导论》（*An Introduction to the Study of Textile Design*，1915 年出版）。作为一位"开放型"的工科学者，他跨界游弋于纺织品的工业生产与艺术设计之间，为现代纺织教育做出不寻常的业绩。

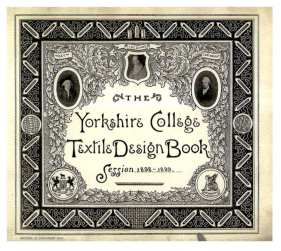

图 5　A. 约克郡学院 1898—1899 学年的学生纺织设计手册封面（左下角为英国纺业基金会标识）

图 5　B. 办公室里的纺织系主任阿尔德雷德·巴克教授

巴克自己在学生时代就热爱艺术，大学学习纺织技术时还去选听设计大师课程。他后来对纺织品实物的鉴赏与收藏，也得益于对织物图案特色与制作工艺、材料品质之间密切关联的深刻了解。他提倡的纺织技术与艺术合一理念和实践影响了纺织系里的学生们，应该也包括历届的中国留学生们，例如后来的著名纺织教育家陈维稷。或许正是由于他在利兹大学留学几年中在巴克教授影响下对染织工艺与设计有过全面接触，陈维稷能够在自己后来的写作（如他主编的《中国古代纺织科技史》）中对纺织纹样分析论证游刃有余，在系统梳理中国古代纺织技术的同时，对传统织花和印染图案的形成工艺及艺术特点也作了不少精准论述。

五、纺织教育——中英之间的联系与影响

中英之间在历史上产生过多层次的双向影响。20 世纪上半叶中国现代纺织业的发展和中国纺织教育的成形过程中都包含了不少的英伦因素。

19 世纪末至 20 世纪初是中国纺织业从手工业向机器化生产的转型时期。清光绪十五年（1889）开工的上海机器织布局开创中国动力机器纺织工业的新纪元后，来自英国的纺织印染技术和投资为当时促进上海纺织工业发展的重要因素。例如民国初期来沪投资创办印染企业的有英国曼彻斯特的 CPA 公司，开设了纶昌印染厂（图 6 A）。厂内除英籍技术与管理人员外，还重金聘用法国设计师

图 6　A. 20 世纪 20 年代英商经营上海纶昌印染厂车间里的滚筒印花机

主持印染厂图案设计室，先后在厂里培训数批本地美术人才成为染织图案设计师。这些"转行"设计师们在将西方的先进技术与方法运用于国人喜见的图案题材方面发挥了很大作用。他们中不少人后来成为上海及江南一带纺织印染行业的设计骨干，上海因而成为中国机印花布图案设计的发祥地。ULITA 收藏中一件印花斜纹棉织物藏品就是当时生产的典型产品（图 6 B），其花布图案是中国广泛使用的吉祥纹样"百子图"，表现新春佳节男孩们在玩耍各种传统游戏。运用多套色滚筒印花机印制。丰富的颜色组合是由多达八个滚筒完成。图案轮廓清晰、色泽均匀，以及重复纹样衔接的准确性都显示了其滚筒雕刻和印制技术的质量精湛。

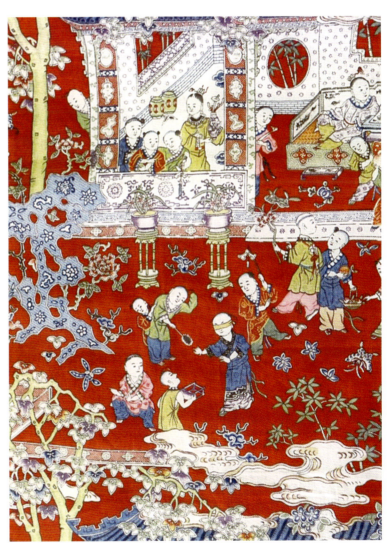

图 6　B. 用滚筒印花印制的棉印花布（局部），民国初期，ULITA 收藏

  在教育方面，1877 年福州船政学堂派出了首批官派留英生，由晚清政府资助的中国学生赴英留学渐成规模。与传统中国学生重文轻理的观念不同，民国之初的留英学生所学专业，大体以人文、理工各占一半。后来政府教育部对留学政策进行调整，学理工科逐渐占据大多数。在"科技救国""教育救国"思想的指导下，民国时期留英的中国留学生更多选择了理工专业，力求学以致用，回国投身建设。

  除伦敦大学、剑桥大学和牛津大学等中国留英生比较集中的大学外，利兹大学在清末和民国时期中国学生的留英史上也占据了一个独特的地位，对中国纺织产业及教育的发展贡献尤为突出。利兹大学的纺织、染整等学科都是民国时期不少中国学生们选择的热门专业。除公费生以外，上海等地的一些纺织业实业家也送子女去英伦定向留学，以图家业发展后继有人。这样的专业取向为中国培养了大批相关领域的专业人才，促进了当时国家建设中至关重要的纺织工业发展和相关教育学科的建立。

  在利兹大学纺织系早期档案的历届师生合影中都可以看到不少中国学生的面孔和名字。巴克教授在中国进行教学和织物收藏期间也曾得到多位利兹大学毕业的学生相助与合作，其中特别值得提及的有罗厅余（图 7 A）、王家鸾，还有陈维稷（图 7 B）。

图 7 A. 1907—1908 学年利兹大学纺织系师生合影中的罗厅余（二排左三）

罗厅余和王家鸢都是清末年间去利兹大学纺织工业系留学的，ULITA 档案中也有他们两人当时捐赠中国刺绣丝绸给纺织博物馆的记录。毕业后他们两人都回到中国，为在国内建立高等教育纺织系科作出了贡献。民国元年（1912），由国民政府教育部直接管辖的北京高等工业专门学校设立了机织科，初创时期的科主任就有利兹大学（时称里兹大学）毕业的罗厅余和王家鸢两位教授。当时机织科的专业教师大都是学成归国的留学生，教科书是欧美版本，学生实习用的也是购自英国的纺织染整机器设备。这是中国北方最早的高等教育纺织系科，标志着我国近代纺织高等教育的肇始与奠基。后来，北京高等工业专门学校的机织科扩建为纺织工程系。

图 7　B.陈维稷在利兹大学纺织系学习期间，1928 年 4 月

另一位中国纺织教育家陈维稷则是 1925 年赴英国留学，在利兹大学攻读染化工程。毕业后于 1929 年回到上海办针织厂并到暨南大学任教。1932 年他应其利兹大学校友中的学长罗厅余（当时已复任北平大学纺织系主任）聘请，离沪北上，在北平大学工学院纺织系任教。次年，他们在英国的老师巴克教授从利兹大学退休，应邀来华到国立交通大学（上海本部）纺织科任教做研究。后陈维稷也回到上海任教，并讲学于周边地区的私立南通大学纺织科和苏州工业专科学校纺织科。据资料记载，他在私立南通大学授课时，将英国老师写的书交给学生们分工翻译并具体指导，学生们既丰富了专业知识，又提高了英语水平。陈维稷在 20 世纪 40 年代曾担任国立交通大学（上海本部）纺织科主任。20 世纪 50 年代初，他曾任教的这几所院系先后并入了新设立的华东纺织工学院，即后来的中国纺织大学，今日的东华大学。

六、结语

利兹大学清代织物收藏的建立为学者们在英国研究中国纺织图案提供了一个宝贵的实物资料库，也为众多纺织设计学生们了解东方装饰艺术提供了难得的学习环境和条件（图 8 A、图 8 B）。

回顾这一清代织物收藏之缘起到积累，历经中英纺织教育先行者们的辛勤努力，为后学者们研究中国纺织图案做了实物与理论上的丰实铺垫。完成本卷的学术合作亦可视为中英纺织学人交流互动之脉络在新时代的继续延伸。20 世纪 80 年代末，笔者在利兹大学研究纺织图案设计期间曾将这一清代织物收藏进行分类整理，做了一份完整的资料目录，此后 30 里，尽管纺织工业系的收藏变成了 ULITA 的馆藏，这份收藏目录的内容一直在利兹大学教研信息系统中被沿用。国际纺织品档案馆馆长迈克尔·汉恩教授长期致力于国际纺织品档案馆收藏的建设和研究工作，著书立说不断，并多次到东华大学商讨有关此清代织物收藏的研究合作。2018 年夏，东华大学纺织博物馆李晓君博士前往利兹大学将此清代收藏进行了更全面、更深入地研究和分析，对各类藏品之历史文化内涵的认识与工艺实证提至新的学术高度。今有幸看到此合作研究项目成果将成书出版，为此由衷感到欣慰和庆幸。

图 8 A. ULITA 工作人员在拍摄藏品中的清代女装　　图 8 B. 利兹大学学生们在
　　　　　　　　　　　　　　　　　　　　　　　　ULITA 学习中国纺织图案

参考文献

[1] Owen J. The Grammar of Ornament [M]. London: Thames & Hudson Ltd., 2016.

[2] Owen J. Examples of Chinese Ornament [M]. London: S & T Gilbert, 1867.

[3] WILLIAMS C.A.S. Outlines of Chinese Symbolism and Art Motives [M]. Shanghai: Kelly & Walsh Ltd. 1932

[4] BARKER A F, BARKER K C. The Textile Industries of China[M]. Shanghai: Chiao-tung University, 1934.

[5] 陈之佛 . 表号图案 [M]. 上海：天马书店 , 1934.

[6] 陈维稷 . 中国纺织科学技术史 [M]. 北京：科学出版社 , 1984.

图片来源

图 1A © Tate Britain　　　　　　　图 2A © Harewood House

图 1B © Knole House　　　　　　　图 2B © Temple Newsam

图 6A © Shanghai Textile Museum　　图 7B © China Textile Press

图 4A、4B、5A、5B、6B、7A、8A、8B：© University of Leeds

中国清代丝织品遗存海外和海外回流

李晓君（东华大学）

中国丝绸出口海外的历史由来已久，如今在海外保存数量最多、内容最丰富的当属清代丝织品。长期以来，清代丝织品并不被当作文物，而是以工艺品，或者衣服、配饰、装饰品的形式流落海外。至今，其依旧是可以自由流通的商品。本文结合 ULITA 收藏的中国织绣品，对清代丝织品的遗存海外和海外回流情况进行分析和梳理。

一、清代丝织品遗存海外的渠道

遗存海外的清代丝织品数量之多、范围之广、内容之丰富，某种程度上甚至赶超国内收藏。其遗存范围遍布全球，笔者甚至在南非的拍卖行中见过清代服饰。当然，遗存数量上主要分布在以英国和美国为首的欧美地区。

贸易是大量丝织品遗存海外的主要渠道。清代丝织品流入海外的过程大体可以分为三个阶段：

第一阶段为鸦片战争前，丝绸贸易和赏赐是并行的，比较大规模的官方丝绸贸易在江南地区和新疆地区开展近百年，再由新疆地区经丝绸之路流向中亚，乃至欧洲。乾隆二十二年（1757），清政府平定了准噶尔贵族叛乱，内地与新疆哈萨克族等少数民族之间的经济交流得以直接进行，政府组织人力置办江南绸缎，展开了与西域少数民族之间重要的丝绸贸易。据相关记载和研究，自乾隆二十五年（1760）至咸丰三年（1853），近百年的时间里，江南与西域的贸易绸缎共 416072 匹，平均每年 4380 匹。这些丝织品主要源于江南地区，由政府组织生产或采购，被分别运往伊利、塔尔巴哈台、乌什、叶尔羌暨和阗、喀什噶尔、喀喇沙尔和阿克苏等地。贸易绸缎不仅数量可观，而且品类丰富，不仅包含了清代常见的缎、绸、绫、绢、纱等丝绸品类，而且色彩丰富，工艺繁杂。例如乾隆二十五年（1760）贸易绸缎的记载里包含各色妆缎 600 匹，石青、古铜、香色蟒袍件料 200 件，各色锦缎 300 匹，各色闪缎 400 匹，各色片金 400 匹，石青金寿字缎 300 匹，各色大缎 1400 匹，各色彭缎 1400 匹。这些丝织品到达西域后，部分被当地政府和寺庙保存，很多继续流往中亚乃至欧洲。

第二阶段为鸦片战争后乃至民国时期。中国进入半殖民地半封建社会，被迫结束闭关锁国的状态，与西方世界的连接更加密切，而丝绸一直是自由贸易的重要内容。北京的琉璃厂、上海的城隍庙、各种大大小小的绸缎庄，吸引着各种各样的收藏家和商人。来自英国的阿尔德雷德·法勒·巴克教授就是其中之一，

1933 年，他来到上海，任职于国立交通大学（上海本部）。作为纺织行业的专家，他收藏了大量的清代丝织品，并带回英国，最终成为 ULITA 藏品的主要来源。这里涉及到了丝织品海外遗存的另一个渠道，即捐赠。捐赠是很多海外专业博物馆藏品来源的主要渠道，ULITA 收藏的清代丝织品中还有一个重要的捐赠者波比·黑斯廷丝女士。20 世纪末，她在香港生活期间所收集的一批清代配饰，成为了本书的重要内容之一。

笔者在美国拍卖行见到的一件绿色刺绣海棠花祺衬衣应该就是那时流失于海外。衣服衬里上可见一枚标签，文字内容有：货号 13-24-36，品名绿绣祺襯衣，单价 1 件，金额 130.00（图 1）。

图 1　绿色刺绣海棠花祺襯衣

第三阶段为 20 世纪后期，国营进出口贸易和零售成为丝织品流入海外的主要渠道。建国初期，私人贸易行为受到限制，但是对外贸易的窗口依然是存在的。例如友谊商店等国营企业依然开放，清代丝织品作为工艺品售卖。此外，丝绸出口贸易也并未停止，所谓的创汇期就是指建国初期，期间许多清代服饰被裁剪拼缝再加工，作为工艺品大批量出口海外市场。如北京的三间房就是当时有名的外贸仓库和工艺品进出口集散地，位于三间房的"懋隆"是建国初有名的外贸公司。

随着改革开放，海外收藏家和商人涌入中国市场，居住在香港的英国收藏家 Chris Hall 在这一时期收藏了大量中国古代织绣品，他的藏品数量之多、品质之精、涵盖面之广赶超博物馆。2006 年新加坡亚洲文明博物馆（Asian Civilisations Museum）曾经以他的藏品做过一个专题展"Power Dressing"。英国收藏家 Linda Wrigglesworth 结合自己的藏品，与皇家亚洲学会（Royal Asiatic Society）成员 Gary Dickinson 共同出版著作 Imperial Wardrobe。类似的海外收藏家或商人还有很多，他们热爱中国传统织绣文化，也了解古玩市场。他们大部分对收藏品质有要求，藏品成体系，重视藏品的保管和研究，与其说他们促使了丝织品的海外流失，不如说他们促进了中国织绣文化的输出，让更多的人了解中国文化，热爱中国丝绸。

图 2　白色缎地三蓝绣牡丹杂宝纹挽袖一对（Inv. No.: 50）

图 3　白色缎地锁绣人物风景纹挽袖一对（Inv. No.: 68）

图 4 黄色缎地刺绣富贵平安纹挽袖
（Inv. No.: 1271）

二、清代丝织品海外遗存的特点和现状

　　大量的海外遗存，几乎涵盖了清代丝织品的所有类别和工艺。其实很难从种类上予以划分，基本上包括服装、配饰、织物和绢本画几大类，工艺上可见妆花、织锦、织金、缂丝、刺绣、手绘等。这些内容在 ULITA 的藏品中均有体现。

　　海外遗存的清代丝织品保存现状相对较好，人为损坏和污渍相对较少。尤其是藏于博物馆的丝织品，基本上得到了较为专业的保管和保护。相较于国内收藏，大部分海外遗存丝织品并无明显区别。但是由于经历了贸易筛选和保存差异，部分丝织品还是表现出了一些特点。

　　首先，清代丝织品被后人裁剪拼缝再加工的情况颇多。此次录入的 ULITA 中国藏品中，有多件是异于织绣品原貌而另有拼缝修改痕迹的。他们大部分是为了销售海外市场而专门进行的缝改。例如 Inv. No.: 50（图 2）和 Inv. No.: 68（图 3）将挽袖有花纹的部分拼缝在一起，构成一件方形绣品。有的还加了镶边和衬里，使其更为完整，或可用作装饰、餐垫、抱枕等。也有将单片挽袖进行镶边衬里的，如 Inv. No.: 1271（图 4）。又如 Inv. No.: 92（图 5）和 Inv. No.: 53（图 6），龙袍件料被裁剪拼缝成桌布或覆盖在家具表面的装饰品。衣襟前后和两肩的正龙纹部分被做成柿蒂型丝织品。此类拼缝很容易辨认，原本领口的位置多有圆形缝补，说明已经按照龙袍的形制进行过剪裁。

柿蒂型织物为后人在龙袍的基础上另做拼缝而成。龙袍的衣襟下摆部分又可做成长方形丝织品，例如 Inv. No.: 15、Inv. No.: 31、Inv. No.: 37、Inv. No.: 138，其拼缝方式略有不同，大部分是将两尊行龙纹相对，海水江崖纹分别位于两端。不仅龙袍被剪裁拼缝，朝袍也未能幸免。海外遗存中，多见朝袍上衣，裙的部分则被做成长方形的丝织品，用于装饰，如 Inv. No.: 46、Inv. No.: 47（图 7）、Inv. No.: 54（图 8）、Inv. No.: 89、Inv. No.: 156，皆为朝袍件料所拼改。

图 5　蓝色缂丝龙纹面料（Inv. No.: 92）　　　　图 6　蓝色缎地刺绣龙纹面料（Inv. No.: 53）

图 7　玄色盘金绣龙纹面料（Inv. No.: 47）

图 8　玄色缎地刺绣龙纹面料（Inv. No.: 54）

如此大批量的拼改，可能源于长期以来丝织品并不被作为文物和收藏品。当帝制崩溃，前朝服饰不再适合穿着时，这些精美的丝织品不再具有实用价值，被裁剪拼缝，作为工艺品流入海外市场。至于拼改的年代和背景，笔者曾做过一些调查。有藏家认为自辛亥革命帝制倒塌至民国时期，虽然几经社会动荡，但丝绸贸易并未停止，为了适应市场，尤其是海外市场需求，对丝织品的拼缝修改一直存在。至新中国成立后，尤其是创汇时期，对清代服饰的破坏和修改是大批量的。直至改革开放之初，在友谊商店这种对外零售窗口，依旧可以见到此类丝织品。据海外专家说，这种做法在海外市场同样存在，收藏者为了穿着和使用，将清代丝织品进行裁剪、拼缝、修补、装裱的情况并不罕见。笔者也从海外回流藏品中见到过后人添加的西式纽扣、西式花边（图9），甚至见到过把宽大的衣服重新裁剪，添加省道，改得修身合体的情况。

其次，装裱成为对丝织品造成重要损伤的另一途径。在海外遗存的清代丝织品中，无论是服装、配饰，还是绣品、织物，都有可能被装裱。装裱时为了丝织品的牢固和平整，往往会使用各种方式的缝合或粘合，这对丝织品的损伤常常是不可逆的。如果想要拆除装裱，将会面临复杂的情况，而且可能会对织物造成毁灭性的损伤。另外，装裱后的丝织品往往用于悬挂或展示，时间一久很容易造成局部的褪色或老化。对丝织品进行装裱的情况多见于海外拍卖行或古玩市场，此次录入的 ULITA 藏品中，并未出现。

图9　黑色芝麻纱盘金绣女褂（领口缝缀西式花边）

三、清代丝织品的海外回流

到 21 世纪之初，清代丝织品文物出现了海外回流热潮。

首先，随着国家对文化建设越来越重视，国内涌现出一批相关专业的博物馆。上海纺织服饰博物馆于 2004 年开始筹备，在此之前，我们已经积累了一些纺织品相关旧藏。2006 年，举办"近代中国女装"专题展，通过市场征集和接受捐赠，慢慢积累了大量晚清民国时期的纺织服饰相关藏品。至 2009 年，博物馆正式对外开放，拥有藏品 2000 多件。2016 年，举办"清朝闺秀服饰展"，展品全部源自海外回流。

相关的专业博物馆还有上海纺织控股集团旗下的上海纺织博物馆、北京服装学院的民族服饰博物馆、清华大学艺术博物馆、江南大学民间服饰传习馆，以及一些企业博物馆，如美特斯邦威服饰博物馆、雅戈尔文化艺术博物馆等。博物馆事业的蓬勃发展促进了清代丝织品文物的海外回流。

其次，随着国家经济繁荣，人们逐渐实现财务自由，开始有条件追求文化事业，涌现出了一批私人藏家和商人。他们了解市场，比博物馆更加灵活和自由。海外各大拍卖行现场，出现了越来越多的中国人的身影，古玩市场出现中国热，中国织绣品和中国商人受到热捧。

与此同时，对海外回流文物的研究也越来越多地受到专家们的重视。2014 年上海文艺出版社出版画家陈正雄著作《清代宫廷服饰》，其收录的藏品大多源自海外回流。2015 年，文化艺术工作者同时也是收藏家的张信哲先生出版藏品集《潮代——清绣的天衣无缝》，同样源自海外回流。

此外，海外回流的热潮还有另一种方式，即文化回流。2007 年，东华大学出版社出版《敦煌丝绸艺术全集·英藏卷》，将遗存大英博物馆、维多利亚和阿尔伯特博物馆，以及大英图书馆的敦煌丝织品整理研究出版成集。此后又陆续出版《敦煌丝绸艺术全集·法藏卷》和《敦煌丝绸艺术全集·俄藏卷》，为中国丝绸艺术品的文化回归开创了新模式。此次，《英国利兹大学藏中国纺织服饰文物研究》的出版得到了上海高校服务国家重大战略出版工程出版资助、东华大学和利兹大学的多方支持，也希望能够不负众望，为海外遗存文物的文化回流添砖加瓦。

四、小结

借着对 ULITA 的两百多件中国藏品进行梳理和分析之际，笔者对清代丝织品遗存海外和海外回流的情况进行了剖析。总的来说，清代丝织品流入海外的主要渠道是贸易。鸦片战争之前，丝绸贸易多为政府行为，贸易和赏赐是并行的。晚清和民国时期，丝绸贸易较为自由和多渠道，ULITA 的大部分中国藏品都源自于民国时期巴克教授的收藏和捐赠。新中国成立后，清代丝织品作为工艺品继续以贸易的形式流入海外。海外遗存的清代丝织品中，有很多后人拼缝或装裱的痕迹，一方面可能是因为市场筛选，国人为出口海外市场而为；另一方面也有海外藏家或商人为了使用或贸易而做。这种情况在国内藏品中是很少见的。21 世纪前后，清代丝织品文物出现了海外回流热潮，相关专业博物馆事业蓬勃发展，国内藏家和商人表现活跃，同时相关著作和研究大量涌现，出现了文化回流的新形式。

综上所述，传统织绣文化是中华民族的瑰宝，国力强盛、人民富裕、政府对文化事业的重视、百姓对传统文化的追求，都促进了中华文化的伟大复兴。

参考文献

[1] 故宫博物院明清档案部 . 李煦奏折 [M]. 北京：中华书局 , 1976.

[2] 故宫博物院明清档案部 . 关于江宁织造曹家档案史料 [M]. 北京：中华书局 , 1975.

[3] 范金民 . "贸易绸缎"的来源申论——清代江南与新疆的丝绸贸易 [J]. 高等学校文科学术文摘 , 2015(2):204.

[4] 范金民 . 清代江南与新疆地区的丝绸贸易（上）[J]. 新疆大学学报（哲学·人文社会科学版）, 1988(4):44-51.

[5] 严勇 . 清代的官营丝织业 [J]. 故宫博物院院刊 , 2003(6):82-89.

[6] HALL C. Power Dressing[M]. Singapore: Asian Civilisations Museum，2006.

[7] DICKINSON G, WRIGGLESWORTH L. Imperial wardrobe[M]. London：Bamboo Publishing, 2000.

第二部分 ｜ 图录
PART II ｜ Catalogue

一

龙袍和龙纹残片

龙的概念

中国传统文化中的"龙"并不是地球上出现过的任何一种自然动物，而是在历史变迁中通过人类的主观意识想象创造出的，具有神圣的地位。原始人类源于对自然的敬畏和崇拜，创造了龙的概念，在人类改造自然的过程中，那些有卓越贡献的领导者逐渐地与龙联系在了一起。随着帝制社会的到来，龙逐渐成为权力的象征，被统治者占有和独享。同时，统治机构为了强调皇权天授，从意识领域征服民众，又进一步宣扬和神化了龙的内涵。

龙的形象以图案或纹样的形式表现，即为龙纹。龙纹作为一种装饰纹样，在中国历史上被广泛地使用。以龙纹饰衣服的历史由来已久，《周礼》载："享先王则衮冕"，衮即为龙衣。衮冕是最为正式的礼仪服饰，它是身份和权力的象征，且具有标识等级、地位的作用。它用于祭祀活动，以表达对上天或是先王的尊敬。

龙袍与蟒袍的概念

随着龙与皇权的结合，龙袍作为权力的象征成为服饰制度的重要内容。清代服饰制度将龙袍的界定为皇帝、皇后、皇太后、皇贵妃、贵妃、妃、嫔、皇太子和皇太子妃所穿的龙纹吉服袍。按照清代礼仪，在这些人穿着龙袍的场合，王公大臣和文武百官应着"象龙之服"，即蟒袍。

依据制度的规定，清代龙袍与蟒袍的区别是存在的，主要体现在款式、服色和纹样上的禁忌。款式上，皇族宗室可用四开裾，而文武百官之袍则前后开裾。服色上，制度规定皇帝龙袍色用明黄、皇太子用杏黄、皇子用金黄，其他宗室百官蓝及石青诸色皆可用，而不得穿用黄色。纹样上，龙袍与蟒袍最显著的区别在于"五爪为龙，四爪为蟒"之说。

但是，制度规定的禁忌和差异在实际执行中却存在很多界限上的模糊。这一方面是由于皇帝经常赏赐功臣许穿黄色或者龙纹，另一方面在于清晚期服饰制度的执行存在很大程度的松弛。

首先，纹样上虽有"皇帝龙袍色用明黄"的规定，但从清宫档案《穿戴档》的记录来看，皇帝吉服袍用色有黄色、蓝色、酱色、驼色等。而从本文所研究的龙袍实物来看，黄色并不一定为皇室穿用。因而，从制度对服色的规定来区分龙袍和蟒袍，在实际操作上存在很大难度。

其次，对于"五爪为龙，四爪为蟒"之说，《清会典》规定：皇帝颁赐的五爪龙缎、立龙缎等需挑去一爪方可使用。但是《皇朝礼器图式》所绘的皇子蟒袍，亦用五爪。据生活于晚清民国时期的文人徐珂所言，清代蟒袍皆五爪。从实物来看，民间流传的五爪蟒袍仍然数量可观，尤其到清后期，四爪蟒袍几乎消失不见。

由此可见，对于龙袍和蟒袍实物的区分与辨别，不仅操作困难，而且意义不大。如果仅从概念上的穿着者之不同来划分，那么对于保存至今的大量龙袍，尤其是那些流落民间或者曾经流落民间者，其穿着者已很难知晓。因此按照 ULITA 的做法，本书龙袍与蟒袍的称呼不作严格形式上的区分，一并统称龙袍（Dragon Robe）。

ULITA 收藏的龙袍和龙纹残片

ULITA 收藏的龙袍大部分为官员所穿用。除了 3 件龙袍，还可见龙纹朝裙 2 件和龙纹披领 1 件，以及大量龙纹残片，此节里的龙纹残片大多来自龙袍或者朝袍。可能由于各种原因，被裁剪和重新缝制。在分析中尽量说明了其本来面貌。

001 蓝色缂丝龙袍
18 世纪后期
衣长 140cm，通袖长 198cm
Inv. No.: 086

龙袍属于吉服，是帝后宗室、文武百官，以及命妇等用于筵宴迎銮等吉庆场合的袍服。依据穿着场合的不同，清代制度规定的服饰可分为礼服、吉服、常服、行服和雨服五大类。吉服由吉服冠、端罩或衮服、吉服袍、吉服朝珠和吉服带等共同组成。龙袍和蟒袍是吉服的重要组成部分。

吉服袍款式通常为圆领，大襟，马蹄袖，下摆开衩。此袍面料为蓝色缂丝，接袖用黑色丝绸，托领和马蹄袖用黑色缂丝，领口和袖端为织金镶边。此袍以九尊金龙为主题纹样，衣身前后和两肩为正龙纹，下摆两侧和底襟处为行龙纹。下幅海水江崖纹，水面饰有八宝纹，图案分别为法轮、海螺、宝伞、白盖、宝鱼、宝瓶、莲花和盘长。衣身有云纹、蝙蝠纹和团寿纹，寓意福寿齐天。此外，还有暗八仙纹样，分别为响板、竹简、葫芦、扇子、宝剑、荷花、笛子和花篮。

缂丝是通经回纬的单层织物，通常以生蚕丝为经线，彩色熟丝为纬线，采用通经回纬的方法织成的平纹织物。纬丝按照预先描绘的图案，各色纬丝仅于图案花纹需要处与经丝交织，不贯通全幅，用多把小梭子按图案色彩分别挖织，使织物上花纹与素地、色与色之间呈现一些类似刀刻的断痕痕迹。

八宝本为佛前供器，藏文称之为"八吉祥相"，亦称八吉祥。八宝纹由八种识智，即眼、耳、鼻、音、心、身、意、藏所感悟显现，描绘成轮、螺、伞、盖、花、瓶、鱼、长八种图案，是清代龙袍上常用的象征佛教信仰的装饰纹样。八宝是海水江崖之上常见的吉祥纹样，八宝与海水江崖纹结合，又有"八宝平水"和"八宝立水"之称。八宝不仅可以与云纹或水纹相组合出现，同时还作为单独的吉祥纹样常见于龙袍之上。

八仙是指民间广为流传的道教八位神仙。暗八仙中并不出现八仙人物，而是以仙人所持的器物构成纹样，故称"暗八仙"。暗八仙纹样又被称为"道家八宝"。暗八仙之内容包括葫芦、宝剑（或拂尘）、扇子、鱼鼓（或竹简）、笛、阴阳板、花篮、荷花（或笊篱），分别代表八位仙人，以及各自神通之能。八件宝物，分别系以五彩绦带，散落分布于龙袍之上，或与云纹相映衬，是清代常用的、富有道教色彩的吉祥纹样。

蓝色缂丝龙袍

002 宝蓝色织锦龙袍

19 世纪末 20 世纪初

衣长 129cm，通袖长 203cm

Inv. No.: 167

此袍衣身较短，而衣袖颇长，穿着时可将水袖和马蹄袖挽起。面料为宝蓝色织锦缎，接袖用黑色缎，织五彩条纹，马蹄袖为黑色织锦缎，领口和袖端饰有织金镶边。衣身纹样有龙纹九尊，皆五爪，其中前后和两肩为正龙纹，下摆两侧和底襟处为升龙纹。海水江崖纹颇高，水面饰有莲花、宝瓶等吉祥纹样。衣身织云纹、蝙蝠纹和暗八仙纹。

海水江崖，亦作"海水江牙"，是由水纹和山石等构成的纹样，位于龙袍下摆处，象征江山一统、山河版图，又与八宝纹、三多纹等结合，寓意福寿吉祥。海水江崖纹在明代龙袍上已有。至清代，海水江崖纹内容更加丰富，在龙袍上占据了更多的空间。与龙纹相比，海水江崖纹更加自由，典章中无明确规定其纹样构成。

此件采用了彩条波浪纹立水和鱼鳞状的波纹平水。水面可见八宝纹样。

宝蓝色织锦龙袍

003 蓝色织锦龙袍

19 世纪末 20 世纪初

衣长 131cm，通袖长 200cm

Inv. No.: 165

此袍圆领，大襟，前后开衩，马蹄袖。面料为宝蓝色织锦缎，接袖用黑色缎，织五彩条纹，亦称水袖，马蹄袖为黑色织锦缎，领口和袖端饰有织金镶边。衣身纹样有龙纹九尊，皆五爪，其中前后和两肩为正龙纹，下摆两侧和底襟处为升龙纹。下幅织海水江崖纹和八宝纹，衣身织云纹、蝙蝠纹和暗八仙纹。此袍色彩艳丽，多用蓝色和紫色系。

蓝色织锦龙袍

004 蓝色织锦龙袍件料

19 世纪后期

幅宽 78.5cm，长 708cm

Inv. No.: 163

....

　　此为龙袍件料，可被裁剪为三部分：左右两面和大襟。肩膀无破缝，领口缝缀托领，衣袖缝接袖和马蹄袖。晚清时期，此类织锦龙袍件料已经商品化生产，纹样花本都有章可循，可见龙纹、海水江崖纹、云纹、暗八仙纹、八宝纹等。

蓝色织锦龙袍件料

蓝色织锦龙袍件料

蓝色织锦龙袍件料

005 蓝色刺绣龙纹面料

19 世纪后期

长 130.5cm，宽 74cm

Inv. No.: 037

....

　　此件为蓝色绸地刺绣面料，应为龙袍件料残片。纹样包括三尊龙纹，其中正龙一，升龙二，皆用两色盘金绣。五彩云纹、蝙蝠纹和海水江崖纹用平绣，暗八仙纹样用打籽绣。立水中绣牡丹花纹样，推测此袍应为女性穿用。面料四周用相同面料镶边，黑色滚边。蓝色团龙纹暗花绸衬里。

　　此类以龙袍或朝袍面料制作的丝织品在海外市场十分常见。它们被制作成方形、长方形、柿蒂形等等，可用作装饰，或者用于家居（桌布、椅垫、窗帘、抱枕、床上饰品等）。这些丝织品有一些共同的特点，它们不是单纯的织物残片，而是经过后人修改裁剪缝制的丝织品，比如面料上多有拼接，四周有镶滚边，并且缝缀衬里。

蓝色刺绣龙纹面料

黄色暗花绸刺绣龙纹面料

006 黄色暗花绸刺绣龙纹面料

19 世纪后期

长 176cm，宽 88.5cm

Inv. No.: 015

此件原本应为龙袍件料，裁剪为四部分，缝制为一件长方形面料，可见团龙纹四尊，皆五爪行龙，两两相对，海水江崖纹分别位于龙纹下方，立水中有打籽绣花卉纹，这种纹样通常出现在女式龙袍中，水面可见小的龙纹，也是女式龙袍中常见的纹样。面料四周有海水纹样的刺绣镶边。灰色棉布衬里。

出水龙是位于海水江崖纹上的小的龙纹，又称为"子孙龙"。其头、身、足皆与龙袍上的主要龙纹相似，惟体积小。可见其浮于水面，若隐若现，通常于下摆左右各一，对称分布。子孙龙多见于清代女性穿用的龙袍之上。

007 蓝色纳纱绣龙纹面料

19 世纪

长 176cm，宽 81cm

Inv. No.: 031

此件同样是以龙袍件料缝制的长方形面料，即龙袍的前后身面料对称拼缝，可能是用于桌布或椅披等家具装饰物。可见五爪行龙纹四尊，两两相对，下幅有高高的海水江崖纹，还有云纹、蝙蝠纹、花篮纹、杂宝纹等龙袍上常见的吉祥纹样。面料采用纳纱绣工艺，亦称"戳纱"，即在亮地纱上采用戳纱绣构成图案。四周有黑色滚边和同样面料的镶边。蓝色棉布衬里。

蓝色纳纱龙纹面料

蓝色龙纹织锦面料

008 蓝色龙纹织锦面料

19 世纪后期

宽 66cm，长 163cm

Inv. No.: 138

此件面料为龙袍件料拼缝而成。可见五爪行龙纹四尊，两两相对，海水江崖纹左右对称，云纹、寿字纹、蝙蝠纹、仙鹤纹和杂宝纹等其他龙袍上常见的吉祥纹样，四周有同样面料制作的宽镶边和黑色滚边。灰色麻布衬里。此类单色的织锦面料在清晚期使用较多，是龙袍件料已经进入商业化之后的产物，纹样和工艺都颇为常见。

009 蓝色缂丝龙纹面料

19 世纪后期

长 186cm，宽 46cm

Inv. No.: 091

．．．．．．．．．．．．．．．．．．．．．．．．．．．．．．

此件应为吉服袍面料残片。两尊行龙顶心相对，中间有拼缝，两侧为海水江崖纹，间有云纹和杂宝纹。本色缂丝面料镶边，黑色滚边，这种缝制多为创汇时期为出口贸易而制作。缂丝是中国传统丝绸面料，早期多用于装饰品，明清时期开始用于服饰。清代缂丝龙袍颇多，此件应为缂丝龙袍件料的下摆。蓝色、绿色和紫色的配色多见于清代晚期。

蓝色缂丝龙纹面料

010 蓝色缂丝龙纹面料

19 世纪前期

宽 88.5cm，长 95.5cm

Inv. No.: 092

此类被裁剪缝制成柿蒂形的龙纹面料很多，是典型的外销产品，可能是用作家具装饰。其原本应为龙袍件料，四尊正龙纹分别位于衣身前后和两肩，大襟处有接缝，原本领口处有圆形拼接，拼接上的行龙纹为龙袍底襟处的龙纹。大襟开襟处亦有拼缝。还可见云纹、蝙蝠纹、莲花纹、法轮纹、盘长纹等吉祥纹样。面料有黑色丝绸镶边和麻布衬里。

蓝色缂丝龙纹面料

011 蓝色缎地刺绣龙纹面料

19 世纪后期

长 111cm，宽 110cm

Inv. No.: 053

此件面料由龙袍裁剪拼缝而成，可见龙袍前后身和两肩的正龙纹，以及中间有圆形拼缝。此件本应为领口部分，被缝补进一尊行龙纹。缝补处可能是龙袍底襟处的龙纹。除了龙纹以外，还可见大部分龙袍上的常见纹样，如云纹、蝙蝠、海水江崖、寿字纹、暗八仙纹等。面料被缝制为柿蒂形，概用于桌面装饰。面料边缘有蓝色丝绸镶边，白色麻布衬里。

蓝色缎地刺绣龙纹面料

012 绛红色织锦缎龙纹面料

19 世纪后期

长 150cm，宽 111cm

Inv. No.: 140

此件应为龙袍件料，绛红色妆花缎，可见前后两肩四尊正龙纹，中间圆形纹样为后人所缝补，原本应为龙袍之领口。还可见龙袍上的常见纹样，如云纹、蝙蝠纹、八宝纹、仙鹤纹等。四周用海水江崖纹样的镶边，很可能就是此件袍料的海水江崖纹。黄色格子纹丝绸衬里，有机头文字曰"大成丝织厂"。

绛红色织锦缎龙纹面料

黄色格子纹丝绸衬里

013 蓝色缂丝龙纹面料

19 世纪中期

长 180cm，宽 107.5cm

Inv. No.: 093

此件由缂丝龙袍件料裁剪拼改，保留了衣身前后的行龙纹和海水江崖纹，以及云纹、蝙蝠纹等龙袍常见的纹样，还可见缂丝八宝纹样，包含法轮、法螺、宝伞、华盖、宝瓶、宝鱼、宝箱花和盘长图案。在龙袍的腰身处拼接了一条海水江崖纹，以寻求上下呼应的效果。四周有本色面料镶边和黑色滚边。浅蓝色暗花绸衬里。此件缂丝品相非常好。

蓝色缂丝龙纹面料

014 红色织锦缎龙纹面料
19 世纪后期
宽 107cm，高 106cm
Inv. No.: 129

此件应为龙袍件料之下摆的部分，纹样可见两尊行龙纹和海水江崖纹，以及云纹、蝙蝠纹和八宝纹。件料被裁剪为方形，四周有黑色镶边、红色宽镶边以及黑色滚边。橘色几何纹暗花绸衬里。

红色织锦缎龙纹面料

015 石青妆花绸朝裙

19 世纪后期

裙长 107cm，下摆宽 144cm

Inv. No.: 166

朝裙是朝服的下半部分，是一种不太规矩的正式着装，应为男性贵族或官员穿用。按照清代服饰制度，朝服是最正式的着装，通常在祭祀、庆典等正式场合才穿着。制度中并未记录朝裙形制，一般理解为朝裙是便捷形式的朝服替代品，用于官员在朝服场合穿戴，只在清晚期服饰制度的执行上略有松弛以后才出现和使用。此裙用蓝色棉布腰头，石青色妆花绸面料。腰部有横栏，前后各织行龙二，曰二龙戏珠。横栏右下饰方形的衽，织小正龙一尊。下摆饰织金团龙六，行龙四，并饰有海水江崖纹和八仙纹、八宝纹。以织金锦镶边，石青色一字纽闭合。

石青妆花绸朝裙细节

石青妆花绸朝裙

016 宝蓝色妆花绸吉服裙

19 世纪后期

裙长 120cm

Inv. No.: 168

此裙形制如吉服袍的下半部分，蓝色棉布做腰头。裙身面料为宝蓝色妆花绸，前后各行龙纹两尊，底襟处行龙纹一尊，下幅海水江崖纹。此裙前后开衩，衩高 63cm，右侧开襟，与吉服袍形制相似，底襟重叠于裙内。开襟处缝金色一字纽，缀鎏金铜扣。底襟重叠处缝缀纽襻，腰头缝蓝色棉布系带。左侧打褶裥，褶裥处缝一字纽。蓝色丝绸衬里。吉服裙在典章中没有记载，概与朝服裙相似，是一种不太规矩的穿着方式，用于男性贵族或官员在吉服场合穿着。

宝蓝色妆花绸吉服裙

017 二龙戏珠纹缂丝面料

19 世纪后期

宽 79.5cm，高 21.5cm

Inv. No.: 89

此件缂丝面料从尺寸和纹样来看应该是朝服的腰栏部分。两行龙相对，中间是火珠，下面有海水江崖纹，还可见云纹、蝙蝠纹、团寿纹、盘长纹和如意纹等吉祥纹样。四周有蓝色织金花边、缂丝宽镶边和棕色滚边。灰色棉布衬里。此类经过裁剪和缝制的面料多为出口贸易而制作的。

二龙戏珠纹缂丝面料

018 玄色缎地刺绣龙纹面料

19 世纪后期

宽 197cm，高 57cm

Inv. No.: 46

面料为玄色缎地，五彩绣纹样，团龙纹七，行龙纹五，盘金绣海水江崖纹。白色刺绣镶边，蓝色滚边，里料为蓝色棉布。此件应为朝服袍的下摆部分。

玄色缎地刺绣龙纹面料

019 玄色盘金绣龙纹面料

19 世纪后期

宽 121cm，高 50.5cm

Inv. No.: 047

此件亦为朝袍的下摆部分裁剪缝制而成。面料为玄色丝绸，盘金绣纹样，两对小的行龙纹样朝向向下，此处有拼接。八团小团龙纹，左右对称各四团。下幅二龙戏珠纹和海水江崖纹。棕色织锦缎面料镶边，黑色滚边，蓝色衬里。

玄色盘金绣龙纹面料

020 玄色缎地刺绣龙纹面料

19 世纪后期

宽 122cm，高 43.5cm

Inv. No.: 054

此件应为朝袍件料裁剪缝制而成。面料为玄色丝绸，盘金绣团龙八，左右对称各四团。下幅行龙二，五彩绣海水江崖纹，以及云纹、蝙蝠纹等。片金缘，黑色滚边，蓝色棉布衬里。

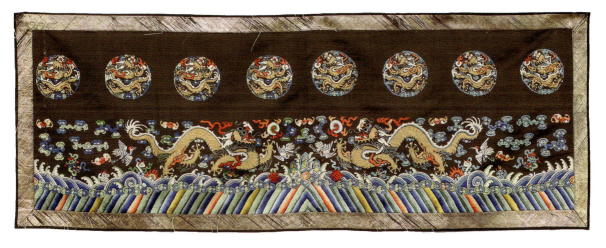

玄色缎地刺绣龙纹面料

021 石青地龙纹妆花缎

18 世纪后期

高 37cm，宽 145cm

Inv. No.: 132

此件妆花缎面料有两部分，中间拼缝。主题纹样为四爪正面龙纹四尊，下幅海水江崖纹，间有云纹、蝙蝠纹、寿字纹、珊瑚纹等其他吉祥纹样。妆花缎属于多层丝织物，明清时期都比较常见，是在经线和纬线织就缎纹地组织的基础上，加织彩色花纬构成图案。面料上下分别饰有机织花边，金色镶边和云纹片金织锦镶边。粉色棉布衬里。

石青地龙纹妆花缎

022 黑色龙纹织金面料

19 世纪后期

高 114cm，宽 140cm

Inv. No.: 156

织金是将金属做成金线，以金线显花的织造工艺。金线的制作方式不同，可以分为圆金和片金两种。圆金又称捻金，是将细小的金属薄片缠绕在丝线上形成。片金则是将金箔粘贴在有韧性的材质上，然后割成细线，直接使用。此件用圆金线织龙纹二十尊，其中正龙纹八，团龙纹十二，中间有拼缝，上下分别织有海水江崖纹、云纹、蝙蝠纹等吉祥纹样。四周有织金镶边，做成长方形，概用于桌面装饰。蓝色棉布衬里。此件面料源自朝服的下裳部分。

黑色龙纹织金面料

023 红色妆花缎龙纹面料

18 世纪前期

宽 50.5cm，高 60cm

Inv. No.: 161

此件面料为红色妆花缎，五爪正龙纹，立眉怒目，吐牙露舌，手持火珠，火焰披毛婉转袖长，为清早期纹样风格。龙身和龙爪有残缺。还可见云纹和寿山纹。

红色妆花缎龙纹面料

024 红色龙纹妆花缎

18 世纪

宽 82cm，高 37cm

Inv. No.: 153

此件面料主题纹样为正龙纹，部分残缺。龙纹立眉怒目，云纹婉转多层，从纹样风格看约为乾隆时期。妆花缎有装裱，黑色滚边和蓝色缠枝莲织金镶边，蓝色丝绸衬里。可能专门用于外销制作，可用作装饰。

红色龙纹妆花缎

025 石青地妆花缎龙纹面料

17 世纪末 18 世纪初

宽 80cm，高 43.5cm

Inv. No.: 194

此件面料为清早期龙纹残片，可见两尊龙纹的龙身和龙尾，中间有拼缝，还可见四合云纹和残缺的火焰纹样。龙纹的背鳍、腹甲、尾和云纹等风格上皆属于清早期。白色刺绣镶边年代可能略晚一些，可见三蓝绣四季花卉纹、万字纹和菱形纹。蓝色棉布衬里。

石青地妆花缎龙纹面料

026 蓝色缂丝行龙纹面料

19 世纪后期

宽 29.5cm，高 18cm

Inv. No.: 95

此件缂丝面料从纹样看应为龙袍底襟上的行龙纹，被裁剪为半圆形，可能另作他用。保留的纹样有五爪龙纹和残缺的珍珠火焰纹，以及一点海水纹。

蓝色缂丝行龙纹面料正面

蓝色缂丝行龙纹面料反面

027 蓝色缂丝龙纹面料

19 世纪后期

宽 92cm，高 48cm

Inv. No.: 094

此件应为龙袍面料的后身部分，包括了正龙纹、云纹、暗八仙、仙鹤等纹样，两肩的龙纹和接袖处的海水江崖纹残缺。中间的空白处应为领口，原本用于缝缀托领。笔者认为 Inv. No.:94 与 Inv. No.:95 来自同一件龙袍件料。

蓝色缂丝龙纹面料

蓝色缂丝龙纹面料

此件为龙袍件料残片，很可能是龙袍的底襟部分。从缂丝纹样和工艺来看属于清代晚期。此面料为长方形，四周有装饰。黑色镶边，灰色棉布衬里。

029 缂丝龙纹面料

19 世纪中期

宽 32.5cm，高 30.5cm

Inv. No.: 096

此件小龙纹应为龙袍底襟处的龙纹裁剪而成。面料为蓝色缂丝，纹样为行龙纹一尊，上有小海螺一枚。四周有黑色丝绸镶边。棉布衬里。

缂丝龙纹面料

030 黄色妆花缎龙纹面料

18 世纪末 19 世纪初

高 80cm，宽 37~50cm

Inv. No.: 162

此件妆花缎面料应为龙袍下摆的一部分，纹样包含了五爪行龙纹一尊以及海水江崖纹、云纹、蝙蝠纹、灵芝纹、牡丹纹等吉祥纹样。从纹样来看，此件面料应为乾隆嘉庆时期，而黄色的五爪龙纹，可能属于宗室贵族。

黄色妆花缎龙纹面料

031 蓝色织锦龙纹面料

19 世纪后期

高 72cm，宽 46cm

Inv. No.: 160

此件为龙袍件料的下摆部分，纹样包含了行龙纹、云纹、海水江崖纹，以及火珠纹、法轮纹、宝瓶纹、法螺纹等吉祥纹样。此类单色织锦面料在清晚期颇为常见，其纹样有固定的花本，由提花织机织造。

蓝色织锦龙纹面料

032 红色龙纹织金缎面料

19 世纪后期

宽 62cm，高 38cm

Inv. No.: 158

面料为红色织金缎，纹样为五爪正龙纹两尊，中间有拼缝。有可能是龙袍面料残片，从纹样和大小来看，比较像是龙袍两肩的正龙纹。

红色龙纹织金缎面料

033 浅橘色团龙纹织锦缎
19 世纪后期
长 47.5cm，宽 27.5cm
Inv. No.:172

此件面料为浅橘色团龙纹织锦缎，以二龙戏珠纹为主题纹样，两尊龙纹一升一降。团窠边缘可见梅兰竹菊四季花卉纹。面料反面有英文墨迹：Modern Chinese from Prof Barker.

浅橘色团龙纹织锦缎正面

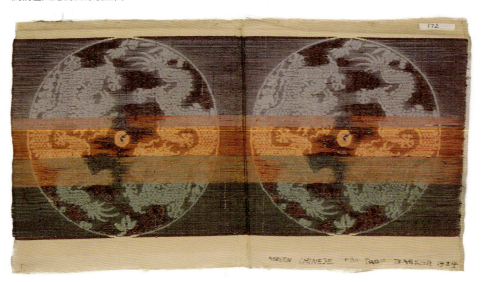

浅橘色团龙纹织锦缎反面

披领是与朝袍搭配穿着的领饰。清代帝后百官及命妇皆可用，以绸缎或毛皮为之，形状似菱，上织绣龙蟒等纹样，并加以缘饰。于穿着朝服时，披于肩上，颈项处系钮襻，故又称"披肩"。《清会典》载："（皇帝朝服）披领及袖皆石青，缘用片金，冬加海龙缘……十一月朔至上元，披领及赏俱表以紫貂。"

披领作为清代最高规格之礼服的重要内容，其纹饰亦颇为讲究，通常饰以行龙二，左右对称，呈二龙戏珠之势，四周间以云纹，下摆处还可见海水江崖纹，以及水中的常见纹饰。披领上的纹饰基本上在朝袍上均可见，惟略小。此件披领保存完整，可见盘金绣龙纹一对、珍珠火焰纹、云纹、海水纹和盘金绣花边。蓝色织金镶边，圆形领口，蓝色一字纽闭合。

黑色盘金绣龙纹披领

女袍和女褂

清代的女装可以分为两个系统，即旗女的袍褂制度和汉族女性的上衣下裳制度。旗衣是八旗女子穿用的常服，可以分为氅衣和衬衣两种形制。ULITA 收藏的中国纺织品中可见清晚期红色刺绣氅衣 1 件、汉式女龙袍 1 件、汉式女褂 3 件以及霞帔 1 件。

汉族女子穿用的龙袍不属于制度中的服饰，其款式上沿袭明代的大衫，但纹样的分布和风格则更具清代特色。女龙袍是汉族命妇穿着的礼服，依照清代服制，应皆为蟒袍，因而民间称为"女蟒"。本书中，为了区别于制度规定中的女用蟒袍，将其称为"汉式女龙袍"。

汉式女褂和霞帔是清代服饰制度之外的服饰形制，虽然未见于典章，却有着大量的传世实物。女褂有大襟和对襟两种，穿着时下面搭配马面裙。霞帔通常罩于汉式女龙袍或汉式女褂之外，属于礼仪服饰。

035 红色缎地五彩绣花蝶纹氅衣

19 世纪中期

衣长 145cm，衣袖展长 210.5cm

Inv. No.: 032

氅衣为清代女性常服，款式多为圆领、右衽、大襟、直身、平袖、左右开衩开至腋下，开衩的顶端饰有如意云头。与衬衣相比，氅衣的纹样更加华丽，边饰的镶滚更为讲究。纹样品种繁多，并有各自的含义。大约在咸丰、同治期间，京城贵族妇女衣饰镶滚花边的道数越来越多，有"十八镶"之称。这种装饰风尚，一直到民国期间仍继续流行。

此件氅衣面料用大红色缎，五彩绣蝴蝶花卉纹，纹样左右对称，可见菊花和牡丹。黑色刺绣镶滚边，同样绣蝴蝶纹、牡丹纹、菊花纹纹样。此衣袖展较长，穿着时应在挽起两褶，露出衣袖里料的刺绣花蝶纹，作为挽袖。此衣立领，大襟，两侧开衩，饰有如意云头。多层镶边、滚边和机织花边做工精湛，构成了清代服饰特有的平直廓形。

红色缎地五彩绣花蝶纹氅衣正面

红色缎地五彩绣花蝶纹氅衣背面

红色缎地五彩绣花蝶纹氅衣细节

036 红色缂丝汉式女龙袍

19 世纪后期

衣长 105cm，衣袖展长 153cm

Inv. No.: 087

汉式女龙袍源于明代女子常服中的龙纹大袖衣。大袖衣，又称大衫，于洪武三年（1370）定制，皇后常服由"真红大袖衣霞帔，红罗长裙，红褙子"构成，其中"衣用织金龙凤文，加绣饰"。永乐三年（1405）又更改服制，规定"大衫霞帔，衫黄，霞帔深青，织金云霞龙文，或绣或铺翠圈金，饰以珠玉坠子，象龙文"。

至清代，大袖衣的形制有所变化，衣袖略窄，龙纹呈品字型分布，下幅饰海水江崖纹，衣身间以云纹，成为本文所述的汉式女龙袍。《清稗类钞》载："男子从时服，女子尤袭明制。盖自顺治至宣统，皆然也。"实际上，清代汉式女龙袍上保留了不少大袖衣的风格，如盘领或立领、宽大的袖型、以系带闭合等。得以保留的另一个重要元素在于颜色，明代服饰制度规定大袖衣用红色，而汉式女龙袍亦保留了汉民族尚红的习俗。

此件龙袍不同于典型的清代袍服形制，其圆领宽袖，衣长较短，应为汉族女性穿用，通常是官员家眷有品级的命妇穿用。其纹样可见五爪龙纹十一尊，分别位于前后、两肩正龙纹四尊，下摆前后和底襟处，以及宽袖背面行龙纹七尊。下摆有海水江崖纹，还可见云纹、蝙蝠纹、暗八仙纹等龙袍上的常见纹样。领缘用织金宽镶边，一字纽闭合。从纹样和色彩来看，此袍很可能用于汉族女性的婚嫁礼服，穿着时搭配凤冠、霞帔和马面裙。

红色缂丝汉式女龙袍正面

红色缂丝汉式女龙袍背面

037 藕合色缎地盘金绣百鸟纹女褂

19 世纪早期

衣长 89.5cm，衣袖展长 148cm

Inv. No.: 033

此类女褂亦称汉式氅衣，是汉族女性穿用的礼服，其衣身较短，穿着时搭配马面裙。宽大的衣袖沿袭了汉族传统风格，小立领，大襟，两侧开衩，镶如意云头，是清代汉式氅衣常见的式样。

此褂面料用藕合色缎，两色金绣花鸟纹，可见凤凰、鸬鹚、仙鹤、孔雀、鸳鸯和云雁等图案，两两成双，还有兰花、荷花、牡丹、梅花等组成的四季花卉纹，以及桃子、佛手、石榴等吉祥纹样。黄色机织花边装饰出衣服轮廓，宝蓝色挽袖和宽镶边，同样盘金绣万字纹和团寿纹，边缘处做如意云头。一字纽闭合，套扣遗失。

藕合色缎地盘金绣百鸟纹女褂

藕合色缎地盘金绣百鸟纹女褂细节

038 宝蓝色花蝶纹织锦缎女褂
19 世纪后期
衣长 105cm，衣袖展长 115cm
Inv. No.: 157

此褂采用小立领，大襟，宽袖，两侧开衩，属于汉族江南女性穿用的外褂，穿着时一般搭配马面裙。面料用宝蓝色蝴蝶花卉纹织锦缎，蓝色丝绸衬里。领口、侧襟、下摆和开衩处有白色刺绣镶边，人物景色纹样，苏绣风格，绣工精细。外侧再用蓝色滚边，里侧压机织花边。白色挽袖亦为苏绣，色彩淡雅，纹样考究，可见亭台楼阁、美人抚琴。

宝蓝色花蝶纹织锦缎女褂正面

宝蓝色花蝶纹织锦缎女褂背面

039 宝蓝色梅花蝴蝶纹缂丝女马褂

19 世纪后期

衣长 70cm，衣袖展长 114cm

Inv. No.: 90

马褂是一种短上衣，男女皆可穿，因着之便于骑马而得名，亦称"短褂"或"马墩子"，流行于清代及民国时期。马褂源于清代服制中的行服褂，行服本是帝后臣僚巡幸打猎时穿着的服装，由行冠、行袍、行裳、行褂和行带等组成。其中行褂即为马褂。晚清乃至民国时期，马褂逐渐成为广受青睐的日常着装，无论外出或应客皆可穿着。

此件短上衣采用圆领，对襟，左右开衩，应为晚清时期女子穿在衣袍外面的马褂。面料用宝蓝色缂丝，梅花蝴蝶纹。蓝色丝绸衬里，黑色缂丝镶边，梅花仙鹤纹样，两侧和开襟处饰如意云头。袖口饰黑色缂丝挽袖，菊花寿字纹。下摆和开衩处有金色滚边。

宝蓝色梅花蝴蝶纹缂丝女马褂正面

宝蓝色梅花蝴蝶纹缂丝女马褂背面

宝蓝色梅花蝴蝶纹缂丝女马褂细节

040 石青缂丝龙纹霞帔

19 世纪后期

衣长 125cm，下摆宽 49cm

Inv. No.: 088

....

霞帔是清代汉族女性穿用在正式袍褂外面的礼仪服饰。霞帔能够显示穿着者的身份，补子的品级代表其丈夫或儿子的官职。霞帔上的补子，较百官补子略小，且全部是禽鸟纹，没有兽纹，即便丈夫为武官，命妇也穿用文官补子。补子上的纹样与品官相同，即一品仙鹤，二品锦鸡，三品孔雀，四品云雁，五品白鹇，六品鹭鸶，七品鸂鶒，八品鹌鹑，九品练雀。

清代霞帔款式通常为圆领，对襟，无袖，下摆饰流苏，前后缝缀补子。由于汉式女性袍褂多用宽大的衣袖，霞帔采用前后两片式剪裁，两侧不缝合，常以系带固定，这可以披挂在宽大的衣袍外面而不受大袖子的影响。此件采用石青缂丝面料，腰间两尊龙纹，背后正龙纹一尊，下摆饰海水江崖纹，除了补子上代表穿着者品级的盘金绣云雁纹样，还可见仙鹤、锦鸡、孔雀、白鹇、鹭鸶、鸂鶒、鹌鹑和练雀等图案，这些图案仅作为装饰纹样，不象征身份地位。下摆和两侧用片金缘饰，领口缝缀纽襻，衣襟有系带。

石青缂丝龙纹霞帔正面

石青缂丝龙纹霞帔背面

马面裙和马面

　　清代之裙，马面裙是其典型，另有百褶裙、鱼鳞裙和凤尾裙等名目。所谓马面是指裙前后两个长方形的裙门。马面裙侧面打褶裥，裙腰多用白色棉布，取白头偕老之意，以绳或纽固结。如果打了又多又密的细裥，称为百褶裙。为使这些细褶不走形，以一定方式用细线衍缝固定褶裥，穿着者行走时，裥部作鱼鳞状，即称鱼鳞裙。所以百褶裙、鱼鳞裙都是马面裙的变化品种。

　　马面作为马面裙上最重要的装饰图案，很多被裁剪和重新装裱缝制。此节中收藏的马面既有未装裱的残片，也有被裁剪缝制作为装饰的丝织品。有些马面裙的侧面栏杆图案，也一并归为此节。

041 绿色缂丝龙凤纹马面裙

19 世纪后期

裙长 99cm，腰围 110cm

Inv. No.: 1272

缂丝龙凤裙，前后马面为正龙纹，四周可见云纹、蝙蝠纹、八宝纹和海水江崖纹。左右两侧为行龙纹、八宝纹和海水江崖纹。栏杆处为凤穿牡丹纹，一升一降，一凤一凰。共计四龙八凤。下摆和栏杆处饰片金缘、白色棉布腰头。

绿色缂丝龙凤纹马面裙

绿色缂丝龙凤纹马面裙展开

绿色缂丝龙凤纹马面裙细节

042 白色暗花绸三蓝绣蝴蝶花卉纹马面

19 世纪

宽 20cm，高 29cm

Inv. No.: 074

此件绣片应为马面裙的马面部分，即马面裙摆前后最主要的长方形装饰图案。纹样可见兰草纹、绣球花纹、海棠花纹和蝴蝶纹。刺绣工艺有三蓝绣、打籽绣和盘金绣。三蓝绣是只用不同深浅的蓝色系构成图案，深浅渐变，蓝白相间，在清代颇为流行。打籽绣用在兰花、绣球花和部分海棠花的刻画上，花瓣边缘用盘金绣勾勒出线条。此件马面绣工精细，色彩淡雅，构图考究，品味不俗。

白色暗花绸三蓝绣蝴蝶花卉纹马面

蓝色暗花绸盘金绣菊花葡萄蝴蝶纹马面

043 蓝色暗花绸盘金绣菊花葡萄蝴蝶纹马面

19 世纪

宽 28cm，高 35cm

Inv. No.: 75

此件面料为浅蓝色暗八仙云纹暗花绸，盘金绣构成图案，可见两枝葡萄纹上下相对，折枝菊花纹左右蔓延，两只蝴蝶纹花间飞舞。边缘处缝缀蓝白相间的花卉纹机织花边。此花边应为后人缝制。

红色亭台楼阁赏月小景纹样织金缎马面

044 红色亭台楼阁赏月小景纹样织金缎马面

19 世纪后期

宽 34.4cm，高 41.5cm

Inv. No.: 123

面料为红色织金缎，可见亭台楼阁，小桥流水，圆月当空，对影当歌。两侧和下摆有万字纹织金边，图案四周再用白色机织花边，黑色镶边，片金宽镶边和黑色滚边。红色丝绸衬里。此件面料主体部分应为马面裙的马面，四周的镶滚边和衬里可能为后人缝制，用作装饰。

045 黄色龙凤纹织锦缎马面裙面料三件

19 世纪后期

马面宽 26cm，高 33.5cm

Inv. No.: 175

残片高 24cm，宽 14cm

Inv. No.: 173，Inv. No.: 174

三件面料属于同一件马面裙残片，其中一件应为龙凤纹马面裙的马面部分。黄色织锦缎面料，可见龙纹、凤纹、云纹和海水江崖纹。两侧和下边缘有几何纹织金缘饰。另两件面料应为清晚期马面裙的下摆部分。一件龙纹，一件凤纹，龙纹右侧有珍珠火焰，凤纹下方饰山石牡丹，下摆处有海水江崖纹。龙凤纹马面裙在清晚期颇为流行，凤在上龙在下，前后马面加两侧栏杆，通常有四龙八凤，皆为官宦人家女性家眷穿用，又称龙凤裙。

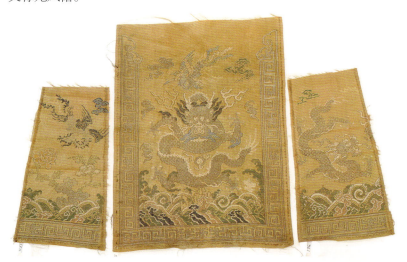

黄色龙凤纹织锦缎马面裙面料正面

黄色龙凤纹织锦缎马面裙面料反面

红色织锦缎龙凤纹马面

046 红色织锦缎龙凤纹马面

19 世纪后期

宽 26.5cm，高 35cm

Inv. No.: 1255

此件单色织锦缎应为龙凤纹马面裙的马面部分。纹样可见凤纹、牡丹纹、龙纹、海水江崖纹。凤在上而龙在下，凤纹较小而龙纹较大，在中国传统文化中，龙代表了君王，而凤代表王后，据说此纹样在慈禧太后垂帘听政期间颇为流行。纹样两侧和底部有万字蝙蝠纹织锦缘饰。

红色凤凰牡丹纹织金缎马面

047 红色凤凰牡丹纹织金缎马面

19 世纪后期

宽 26cm，高 30cm

Inv. No.: 164

此件为凤纹马面裙的马面部分。单色织金纹样可见凤凰纹，一只站立寿山石上，另一只空中飞翔，上下相对，右侧竹枝玉立，左侧牡丹绽放，底部有海水江崖纹。左右和底部还有万字纹织金缘饰。

048 红色龙凤纹妆花缎马面裙面料

19 世纪后期

长 124cm，宽 34cm

Inv. No.: 130

....

此件妆花缎面料为马面裙的下摆部分，六龙六凤，由 12 片龙凤纹面料拼接而成，拼接处缝机织花边。四周镶黑色机织花边、黑色滚边，以及片金边，红色丝绸衬里。

红色龙凤纹妆花缎马面裙面料

绿色龙凤纹织锦缎马面裙面料

049 绿色龙凤纹织锦缎马面裙面料

19 世纪后期

宽 32.5cm，长 100.5cm

Inv. No.: 152

此件面料有三段拼接，分别位于白色机织花边处，左右两侧图案为马面裙两侧花纹部分，可见龙纹、凤纹和海水江崖纹。此件被后人拼缝和装裱，四周饰机织花边、黑色八宝纹织锦镶边以及黑色滚边。灰色棉麻衬里。

050 绿色龙凤呈祥纹妆花缎面料三件

19 世纪后期

高 29cm，宽 22cm

Inv. No.: 169，Inv. No.: 170，Inv. No.: 171

妆花工艺在清晚时期变得更为轻薄。龙凤呈祥纹样在晚清时期多用于女性服装，尤其是马面裙上比较多见。此三件面料应属于马面裙的裙摆部分。可见降龙纹、凤凰纹、海水纹、万字纹、珊瑚纹和织金花边。三件纹样类似，色彩略有不同。

绿色龙凤呈祥纹妆花缎面料三件

051 红色织锦缎亭台楼阁风景纹样马面裙残片

19 世纪后期

裙长 83cm，下摆宽 75cm

Inv. No.: 159

马面裙是清代汉族女性主要的下装款式，其前后分别饰有方形纹样，称为马面，两侧有褶裥或栏杆。此件应为马面裙的栏杆部分，形状上窄下宽，下摆处饰有亭台楼阁风景纹样，一共 6 片，有黑色滚边间隔，下摆处也可见残缺的黑色滚边，无腰头。

红色织锦缎亭台楼阁风景纹样马面裙残片

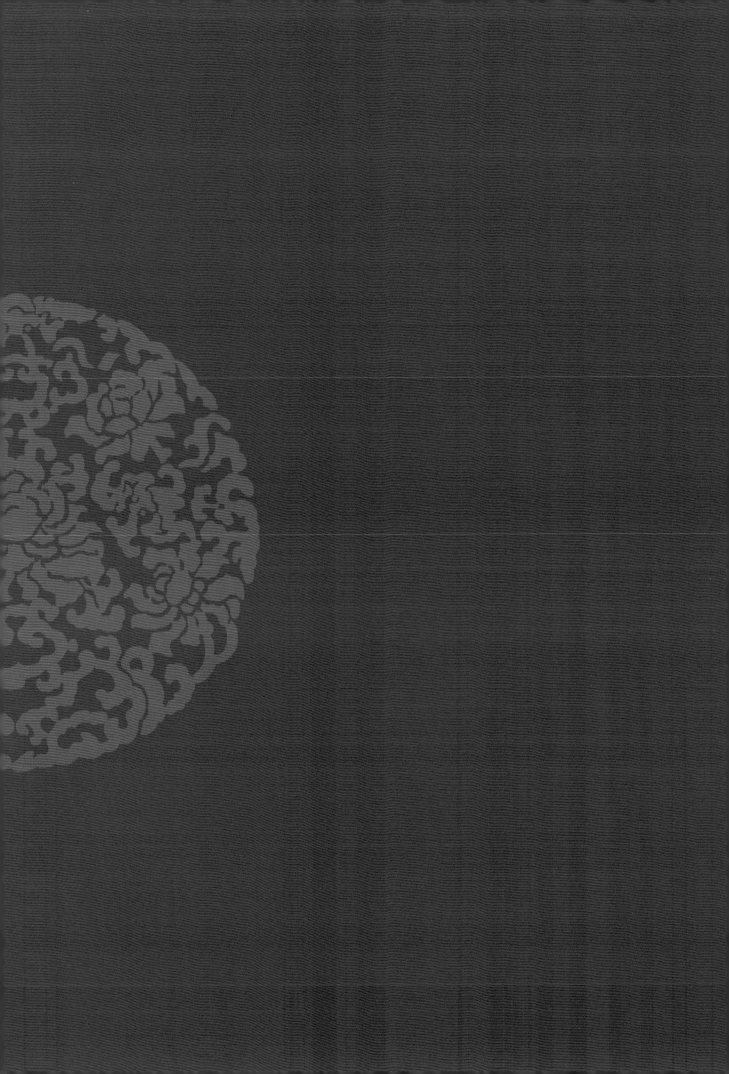

挽
袖

挽袖之本意为挽起袖子，后延伸为汉族女性上衣袖口位置的装饰。因为汉族传统喜用宽衣大袖，大袖的边缘处通常挽起来，故常在衣服面料之外，单独缝缀一条袖口，即可以耐穿耐脏，又有装饰作用，这大概是挽袖的起源。清代的挽袖多为狭长而有织绣图案的一对面料，缝缀时图案位于袖子的上面和背面，这是因为东方女性讲究含蓄内敛，基本上只将袖子的外侧展示于众，而内侧是不示人的。

052 黄色暗花绸刺绣蝴蝶葫芦葡萄纹挽袖

19 世纪

宽 18cm，长 54cm

Inv. No.: 2015.197

挽袖面料为黄色兰草纹暗花绸，五彩绣蝴蝶纹、葫芦纹和葡萄纹，两侧有云纹、蝙蝠纹和花卉纹装饰纹样。挽袖是清代女性服饰装饰在袖口的环形面料，常采用鲜艳的色彩，刺绣纹样多为矩形，位于袖口外侧偏上的位置。

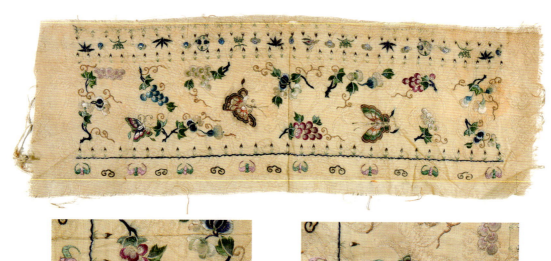

黄色暗花绸刺绣蝴蝶葫芦葡萄纹挽袖及细节

白色缎地刺绣华封三祝纹样挽袖一对

053 白色缎地刺绣华封三祝纹
样挽袖一对

19 世纪

长 49cm，宽 16.5cm

Inv. No.: 2015.198

白色缎地，以绿色、蓝色和紫色丝
线刺绣纹样。华封三祝纹寓意对上古贤
者的美好祝愿，可见人物纹样手持莲花
祝祷，脚下有葫芦、南瓜、桃子和石榴
图案的纹样，搭配梅花、竹子、松树、
柳树和亭台楼阁纹样，表达了人们祈祷
多子、多福、多寿的美好愿望。

白色缎地刺绣华封三祝纹样挽袖细节

054 白色暗花绸五彩绣花卉人物纹挽袖一对

19 世纪

宽 16cm，高 46.5cm

Inv. No.: 059

....

两片挽袖被缝缀在一起，图案左右对称，刺绣人物的用色略有不同。可见折枝牡丹纹和折枝海棠纹，代表"富贵满堂"。人物纹样行走在小桥旁，一人手持花瓶，一人欣喜张望。挽袖上的色彩和图案大多取决于所搭配的衣服，除了一些吉祥寓意，通常与衣服本身的图案相呼应。

白色暗花绸五彩绣花卉人物纹挽袖一对

蓝色暗八仙暗花绸刺绣牡丹八宝纹挽袖一对

055 蓝色暗八仙暗花绸刺绣牡
丹八宝纹挽袖一对

19 世纪

宽 18.5cm，长 90cm

Inv. No.: 040，Inv. No.: 041

此件面料为浅蓝色暗花绸，打籽
绣和盘金绣牡丹八宝纹。牡丹寓意富
贵，八宝是八样佛家吉祥物件，分别为
法轮、法螺、宝伞、华盖、宝鱼、宝瓶、
宝箱花和盘长。富贵吉祥，小小的挽袖
寄托着人们对美好生活的向往。

**056 白色缎地刺绣蝴蝶牡丹纹
挽袖**
19 世纪
宽 14.5cm，长 52cm
Inv. No.: 042

⋯⋯⋯⋯⋯⋯⋯⋯⋯⋯⋯⋯⋯⋯⋯⋯⋯⋯⋯⋯⋯⋯⋯

　　面料为白色素锻，五彩绣蝴蝶牡丹
纹，蝴蝶上下相对，翩翩起舞。牡丹用
打籽绣，插在花瓶中，寓意富贵平安。

白色缎地刺绣蝴蝶牡丹纹挽袖

绛红暗花绸打籽绣花卉蝴蝶纹挽袖

057 绛红暗花绸打籽绣花卉蝴蝶纹挽袖

19 世纪

宽 10cm，长 57cm

Inv. No.: 043

....

　　面料用暗花绸，打籽绣纹样，纹样边缘有盘线绣勾勒线条，可见菊花纹、梅花纹和兰草纹，一对蝴蝶花间飞舞。"梅兰竹菊"在绘画中被称为花中四君子，寓意高尚的品格，也成为织绣品中的常见纹样。

058 白色暗花绸打籽绣亭台楼阁纹挽袖一对

19 世纪

宽 21cm，长 99cm

Inv. No.: 051，Inv. No.: 052

面料用白色兰草纹暗花绸，打籽绣亭台楼阁小桥流水风景图，构图细密，绣工精致，色彩丰富，图案边缘用盘金线勾勒。

白色暗花绸打籽绣亭台楼阁纹挽袖一对

059 绿色缎地刺绣蝴蝶花卉纹
挽袖一对
19 世纪末 20 世纪初
长 107cm，宽 25.4cm
Inv. No.: 2013.2.1

面料为绿色素缎，刺绣四季花卉纹，
可见梅花、兰草、竹子、菊花、葫芦、
葡萄和蝴蝶图案的纹样，由里至外，绣
有多层循环纹样的花边，可见寿字纹、
蝙蝠纹等。

绿色缎地刺绣蝴蝶花卉纹挽袖一对

060 宝蓝色缎地盘金绣牡丹纹挽袖一对

19 世纪末 20 世纪初

a）宽 21.5cm，长 58cm

b）宽 18cm，长 54cm

Inv. No.: 048，Inv. No.: 049

面料用宝蓝色缎，盘金绣折枝牡丹纹，一枝绽放，一枝含苞。两件挽袖其一有白色缎刺绣镶边和黑色滚边，以及黑色衬里，另一件则无镶边和衬里，概因后人缝改所致。

宝蓝色缎地盘金绣牡丹纹挽袖一对

浅绿色暗花绸打籽绣人物纹样挽袖一对

061 浅绿色暗花绸打籽绣人物
纹样挽袖一对
19 世纪
宽 21.5cm，长 51.5cm
Inv. No.: 063

面料用浅绿色暗花绸，打籽绣人
物风景纹样，可见小桥流水，仕女赏花。
一对挽袖缝缀在一起，并有红色、白色
织锦镶边和黑色滚边，丝绸衬里。此类
被后人拼接修改的刺绣品颇多，一般会
有完整的镶滚边和衬里，通常是为出口
海外专门缝制。

062 白色缎地刺绣花蝶纹挽袖
一对

19 世纪后期

宽 22cm，高 57cm

Inv. No.: 1270

此件绣片应为挽袖一对，中间有
拼缝，四周缝黑色素缎宽镶边。面料为
白色素缎，五彩绣梅兰竹菊四季花卉
纹，挽袖四周绣蝴蝶纹和植物纹缘饰。

白色缎地刺绣花蝶纹挽袖一对

063 白色暗花绸刺绣花卉蝴蝶
纹挽袖一对

19 世纪

宽 32.3cm，长 62cm

Inv. No.: 080

....

　　此件原本为挽袖一对，后被拼缝
修改，用来装饰。中心图案是刺绣蝴蝶
牡丹纹，略有褪色，四周用蓝色福寿纹
机织花边，再加蓝色刺绣碎花团纹、蓝
色宽镶边和黑色滚边，蓝色丝绸衬里。

白色暗花绸刺绣花卉蝴蝶纹挽袖一对

064 白色缎地刺绣牡丹纹挽袖
一对

19 世纪

宽 38.8cm，长 65cm

Inv. No.: 081

　　此类挽袖都有被后人装裱的的痕
迹，中心图案为牡丹纹，五彩绣和盘金
绣相结合，中间有拼接，四周压机织花
边，镶嵌黄色缎地、黑色滚边和白色宽
花边。丝绸衬里。

白色缎地刺绣牡丹纹挽袖一对

黄色缎地刺绣富贵平安纹挽袖

065 黄色缎地刺绣富贵平安纹挽袖

19 世纪

宽 23cm，长 58cm

Inv. No.: 1271

黄色缎地，中间打籽绣牡丹纹，两侧分别为三蓝绣和五彩绣的牡丹纹样，中间绣花瓶，寓意富贵平安。四周饰有多层镶滚边，由里至外依次为机织花边、黑色镶边、白色缎地刺绣宽花边和黑色滚边。白色棉布衬里。

066 黄色缎地刺绣富贵多子纹挽袖

19 世纪

宽 21.3cm，长 54cm

Inv. No.: 060

....

此件挽袖经过后人拼缝装裱。中心面料为黄色缎地，刺绣牡丹纹、南瓜纹，打籽绣石榴纹，南瓜和石榴寓意多子，牡丹寓意富贵。四周饰机织花边，红色缎纹边缘以及黑色花卉纹宽镶边。白色棉布衬里。

黄色缎地刺绣富贵多子纹挽袖

红色暗花绸三蓝绣蝴蝶花卉纹挽袖

067 红色暗花绸三蓝绣蝴蝶花
卉纹挽袖

19 世纪

宽 24.3cm，长 57.7cm

Inv. No.: 061

中心图案为清代挽袖，打籽绣牡
丹纹，两侧为两只蝴蝶纹样，还可见菊
花纹。面料经过装裱，有多层缘饰，依
次为黑色机织花边、黄色缎纹镶边、黑
色滚边、白色刺绣花鸟纹宽镶边，最外
侧还有黑色滚边。白色棉布衬里。

068 白色缎地三蓝绣牡丹杂宝纹挽袖一对

19 世纪

宽 34.8cm，长 55.5cm

Inv. No.: 062

挽袖面料为白色缎地，中间用打籽绣牡丹花卉纹，两侧有三蓝绣法轮、宝伞、宝瓶和华盖四件佛家宝器，还有三蓝绣牡丹纹样。四周缝白色机织花边，以及黑色刺绣宽镶边，上下和左右的刺绣纹样不同，上下为刺绣团花蝴蝶纹，左右则为三蓝绣和盘金绣的兰草纹样。边缘再加饰黑色滚边。浅蓝色暗花纱衬里。

白色缎地三蓝绣牡丹杂宝纹挽袖一对

浅黄色缎地刺绣三多纹挽袖一对

069 浅黄色缎地刺绣三多纹挽袖一对

18 世纪末 19 世纪初

宽 20cm，长 49cm

Inv. No.: 058

此件为一对挽袖拼缝在一起，中心图案为三多纹、打籽绣石榴纹，两侧分别是五彩绣佛手纹和桃子纹，中间可见笛子和花篮等道家八宝纹样。此件构图丰满，色彩华丽。四周有机织花边作为装饰。

070 白色缎地锁绣人物风景纹
挽袖一对
19 世纪
宽 25.5cm，长 57.2cm
Inv. No.: 050

此件面料用白色素缎，图案用彩
色拉锁绣，可见亭台楼阁、小桥流水、
仕女抚琴、凭栏张望，一副春色美景。
绣工精细，色彩雅致。四周有黑色机织
花边，和黑色刺绣宽镶边，三蓝绣和盘
金绣兰草纹样，外侧还有墨绿缎滚边。
丝绸衬里。

白色缎地锁绣人物风景纹挽袖一对

湖绿色罗纳绣葫芦纹挽袖一对

071 湖绿色罗纳绣葫芦纹挽袖一对

19 世纪

宽 28cm，高 59.5cm

Inv. No.066

挽袖面料为湖绿色罗，纳绣葫芦纹样，蜿蜒的藤蔓、盛开的花朵和伸展的枝叶中，结出十二个彩色葫芦，上面分别写着："桃红复含宿雨，柳绿更带朝烟。花落家童未扫，莺啼山客犹眠。"这是唐代诗人王维的六言绝句《田园乐》之一，描绘作者隐居终南山、辋川的闲情逸致的生活。大概含义为：红色的桃花还含着隔夜的新雨，碧绿的柳丝更带着淡淡的春烟。花瓣凋落家中的小童没有打扫，黄莺啼叫闲逸的山客犹自酣眠。

此件四周有黑色镶边。白色棉布衬里。

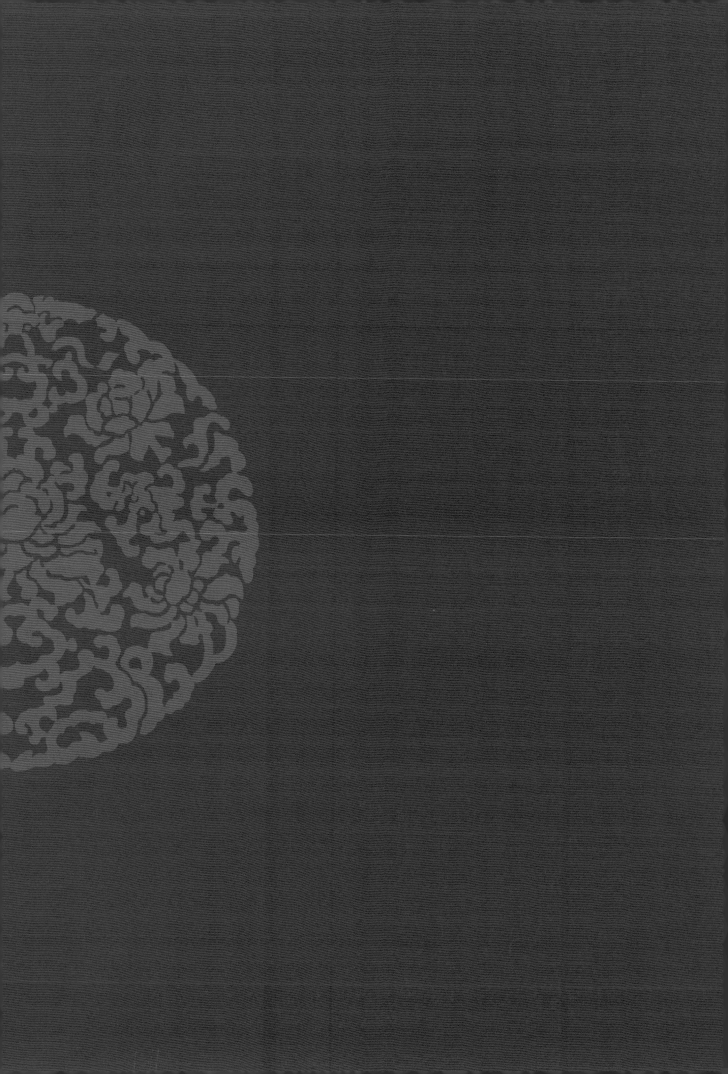

五

补子

补服是明清时期帝王宗室和文武百官的章服和公服，是标识着穿着者身份地位的官服。补子的渊源可以追溯至蒙元时代，甚至更早。中国服饰文化中，向来有以服装上织绣特定的图案纹样来区分穿着者等级地位的传统。以禽兽纹样来区分官员等级的做法最早源于女皇武则天时期。在此之前的官服多采用佩印绶制和色制，是以佩饰的数量和服装的颜色等来区分等级。武则天把饰有动物纹样的绣袍赐给文武官员，以此来作为品级官位的标识。

蒙元时期，出现了一种在衣服的胸前和后背织出或绣出一块特殊纹样的装饰形式，称为"胸背"。真正代表官位的补服定型于明代。据《明史·舆服志》记载，洪武二十四年（1391）规定，官吏所着常服为盘领大袍，胸前、背后各缀一块方形补子，文官绣禽，以示文明，武官绣兽，以示威武。文武职司分为九等，一至九品所用禽兽尊卑不一，藉以辨别官品。公、侯、驸马、伯服，绣麒麟、白泽。文官：一品仙鹤，二品锦鸡，三品孔雀，四品云雁，五品白鹇，六品鹭鸶，七品鸂鶒，八品黄鹂，九品鹌鹑；武官：一品、二品狮子，三品、四品虎豹，五品熊罴，六品、七品彪，八品犀牛，九品海马；杂职练鹊；风宪官獬豸。除此之外，还有皇帝作为赐服专门赐给特定人物的赐补，有斗牛和飞鱼等图案纹样。

到了清代，补服制度更趋繁复。上至皇帝，下至未入流的小官吏皆以石青色绸、缎、纱、缂丝等为匹料，上面织、绣符合其身份等级的补子。补子有圆补和方补之分。皇帝、皇子、亲王、亲王世子、郡王、贝勒、贝子、固伦额驸皆用圆补；镇国公、辅国公、和硕额驸、民公侯伯、都御史、监察御史、镇国将军、辅国将军、郡主额驸、县主额驸、子、男及文武官员皆用方补。在圆补和方补中，又因穿着者身份地位不同而补子纹样各异，有龙、蟒、禽、兽之分。皇帝使用龙纹圆补，以龙为章之服，称之"衮服"，饰有正面五爪金龙四团，前后和两肩各一团。宗室以蟒为章，其中又有四爪蟒和五爪蟒之分，皇子、亲王、亲王世子、郡王使用五爪蟒；贝勒、贝子、固伦额驸、镇国公、辅国公、和硕额驸、民公侯伯等皆用四爪蟒纹；侯伯以下的文武官职之补服则用禽、兽纹样。

文官补子不再沿用"喜相逢"的形式，只用单只立禽，各品级纹样与明代略有区别，通常是：一品鹤，二品锦，三品孔雀，四品雁，五品白鹇，六品鹭鸶，七品鸂鶒，八品鹌鹑，九品练雀；而武官还是用单兽，通常为：一品麒麟，二品狮，三品豹，四品虎，五品熊，六品彪，七品、八品犀牛，九品海马。从耕农官不再使用禽、兽纹样，可用彩云捧日方补。

072 石青地纳纱绣六品鹭鸶纹方补一对

19 世纪

a）宽 49cm，高 47.5cm

b）宽 26.5cm，高 25.5cm

Inv. No.: 056，Inv. No.: 057

　　补子是缝缀在官服上面的代表穿着者官职的标志
性图案。通常位于衣服前后各一片，前片中间破缝，
以便官服开襟，后片完整无破缝。此两件为一对，前
片被缝缀在黑色素缎上，制作为抱枕套，侧面可打开。
后片则无。其面料为石青色纱，纳纱绣纹样，主题纹
样为六品鹭鸶，下有海水江崖纹，象征江山稳固，上
面是云纹、太阳纹，以及笛子、如意、蝙蝠、灵芝等
图案，寓意天地万物。盘金绣铺地，四周用盘金绣几
何纹缘饰。

石青地纳纱绣六品鹭鸶纹方补一对

073 石青地缂丝麒麟纹方补一对

19 世纪

宽 28.5cm，高 29cm

Inv. No.: 097，Inv. No.: 098

　　缂丝是通经回纬的织造工艺，由于没有通梭地纬，在色彩变换处形成类似刀刻的断痕，因此也称刻丝。缂丝工艺复杂而不易保存，早期多用于装饰，至清代才多见于衣服之上。此件麒麟纹方补采用缂画结合的工艺，中心图案为麒麟纹，下有海水江崖纹，以及宝瓶、法轮等佛家宝器图案；上有云纹、蝙蝠纹，以及太阳纹、花卉纹，象征天地。四周有缂金缘饰。

石青地缂丝麒麟纹方补一对

074 石青地缂丝三品孔雀纹方补

19 世纪

宽 30cm，高 28cm

Inv. No.: 099

此件方补采用缂丝和缂金相结合，可见三品孔雀纹，海水江崖纹、云纹，以及蝙蝠、太阳和暗八仙的纹样。其中立水纹和万字纹铺地用缂金，太阳纹用红色丝线，其他纹样用三蓝色丝线。此件纹样复杂，缂画结合。

石青地缂丝三品孔雀纹方补

075 黑色缎地刺绣二品锦鸡纹方补

19 世纪

宽 33.5cm，高 30cm

Inv. No.: 100

此件补子采用黑色缎地，中心纹样为文二品锦鸡纹，下有海水江崖纹，上面是云纹、蝙蝠纹，以及宝伞、宝瓶等吉祥纹样。蝙蝠寿字纹盘金绣缘饰。

黑色缎地刺绣二品锦鸡纹方补

黑色缂丝正龙纹团补

076 黑色缂丝正龙纹团补

18 世纪

宽 37cm，高 37.5cm

Inv. No.: 101

———————————————————————

按照清代服饰制度，宗室方可使用团补，而此件团补规格颇高，不仅使用了五爪正龙纹，而且在龙纹之上使用了"月"纹，可见小的圆形图案，其中有玉兔捣药，这是象征最高权力的十二章纹样之一"月"，应该位于皇帝衮服的左侧肩膀之上。其他缂丝纹样还有中心的正龙纹，以及下方的海水江崖纹，四周的云纹、蝙蝠纹、八宝纹等。蓝色棉布镶边和衬里。

缂丝一品仙鹤纹方补

077 缂丝一品仙鹤纹方补

19 世纪

宽 50cm，高 48.5cm；

补子宽 27.5cm，高 26.5cm

Inv. No.: 1269

———————————————————————

金色地缂丝纹样，中心为白色仙鹤纹，代表文一品官职，还可见海水江崖纹、云纹、蝙蝠纹等补子上的常见纹样。此件中间有拼缝，应为补服的前片。此件被缝缀在黑色素锻面料上，作为抱枕套，黑色丝绸衬里，侧面可打开。

六

家居装饰

　　用于家居装饰用丝织品的种类很多，本章收录的是传统的中式装饰品，如桌裙、椅披、床围、轿帘、镜心、条屏、横幅等。而 ULITA 藏品中还有另一类，它们是用中国传统面料制作的西式装饰，如餐垫、椅垫、桌布、窗帘、床单等，这一类则不在此章节之列。

　　桌裙，又称桌围，是悬挂在桌子前面的装饰。一般由三部分组成：顶端为桌裙头，通常使用棉布，无纹样装饰；下端有纹饰的桌裙分为上下两层，上层是短的小垂帘，下层为桌裙裙身。供桌桌裙和佛龛结构与桌裙相同，用于宗教活动。供桌桌裙规格略宽大，而佛龛中间则有花瓣形不规则剪裁。

　　与桌裙结构相似的还有轿帘和镜帘。轿帘是古代轿撵两侧小窗户上的布帘。《宋史·舆服志一》载："凤辇，赤质，顶轮下有二柱，绯罗轮衣，络带、门帘皆绣云凤。"镜帘是罩在插屏上的布帘。这两类小门帘规格、形制相似，在两层垂帘间通常还有两条垂绦。

　　椅披是披系在椅子上的一种长方形家居装饰，通常有织绣纹样装饰。椅披大多成对出现，与桌裙配套使用。早起椅披多见龙、仙鹤、麒麟等图案的纹样，此后逐渐多元化，出现花卉纹、花鸟纹、几何纹等。

　　帷幔是悬挂在家具顶端用作装饰的长方形织物，多用于古代架子床顶部的丝绸装饰，称为床围。规格上，帷幔明显宽扁，宽通常在 2 米左右，顶端缝缀棉布帘头，左右两侧分别缝缀垂绦。但是，ULITA 的帷幔大部分无垂绦，可能是为了适应西方市场而有所修改。

　　条幅和镜心通常是用于悬挂的装饰，其内容类似于绘画，多成对出现。另一类与绘画相类的是贺帐，多用于馈赠礼品。相互馈赠丝织物是中国传统习俗，尤其是生日、婚庆、乔迁、节日时赠送贺帐，多见麻姑献寿、群仙庆寿、福寿齐天、麒麟送子等吉祥纹样。

078 红色缎地三蓝绣花卉蝴蝶纹桌裙

19 世纪前期

宽 91.5cm，高 89.5cm

Inv. No.: 013

此件桌裙面料用红色缎，三蓝绣，中心图案为牡丹蝴蝶团花纹，四周为云纹、蝙蝠纹。上端垂帘亦绣寿字团花纹。顶端缝缀蓝色棉布和纽襻。棉布衬里。

红色缎地三蓝绣花卉蝴蝶纹桌裙

079 红色缎地绣狮子绣球纹桌裙

19 世纪后期

宽 93.5cm，高 93cm

Inv. No.: 014

面料用红色缎，盘金绣狮子绣球纹样，狮子为中国传统文化中的瑞兽。绣球是用纺织品仿绣球花制作的圆球，被视为吉祥喜庆之物。四周绣兰草纹、灵芝纹、菊花纹、蝴蝶纹和折枝海棠纹。顶端缝粉色棉布和纽襻。粉色棉布衬里。

红色缎地绣狮子绣球纹桌裙

080 红色缎地刺绣招财聚宝纹桌裙
19 世纪后期
宽 87cm，高 91cm
Inv. No.: 017

面料为红色缎地，主题图案可见盘金绣和丝线绣的聚宝盆，上面堆满金银财宝，送财童子手持如意站在财宝之上，左右两侧分别为文财神和武财神，皆为招财聚宝之寓意。上端的垂帘上可见福禄寿三仙，分别代表富贵、功名和长寿，寄托着人们对美好生活的向往。门帘边缘处有盘金绣几何纹缘饰。白色棉布衬里。

红色缎地刺绣招财聚宝纹桌裙

081 红色妆花缎龙纹桌裙

18 世纪后期

宽 88cm，高 95cm

Inv. No.: 136

面料为红色妆花缎，行龙纹两尊，间以云纹、蝙蝠纹，下摆织海水江崖纹，水中还可见蝙蝠纹、八宝纹等吉祥纹样。白色机织花边，蓝色花卉纹宽镶边和黑色滚边。短垂帘用绿色丝绸，顶端缝缀蓝色棉布和纽襻，衬里同样用蓝色棉布。

红色妆花缎龙纹桌裙

082 红色毛呢刺绣龙纹桌裙

19 世纪

宽 87cm，高 49.5cm

Inv. No.: 011

　　此件面料为红色毛呢，刺绣二龙戏珠纹，还可见海水纹、云纹、蝙蝠纹。短垂帘上绣有三个纹样，分别为笙纹、兰草纹和艾叶纹。两侧和下摆处有盘金绣几何纹缘饰。顶端缝缀蓝色棉布和纽襻，衬里亦同。

红色毛呢刺绣龙纹桌裙

083 红色妆花缎二龙戏珠纹桌裙

19 世纪前期

宽 79cm，高 68cm

Inv. No.: 126

　　此件桌裙垂帘顶端有遗失。桌裙面料上半部分用暗花纹大云缎，下半部分为二龙戏珠纹妆花缎，还可见四合云纹和海水江崖纹。绿色万字纹镶边，宝蓝色滚边。灰色棉布衬里。

红色妆花缎二龙戏珠纹桌裙

红色几何纹暗花绸刺绣花卉纹桌裙

084 红色几何纹暗花绸刺绣花
卉纹桌裙

19 世纪后期

宽 103cm，高 42cm

Inv. No.: 1264

红色素缎，五彩绣花卉纹，可见
松柏、梅花、桃花、荷花、桃子和仙鹤
图案的纹样。底边和两侧缝缀机织花
边，白色刺绣花卉纹镶边，以及黑缎滚
边。蓝黑色棉布衬里。

桃红鹤鹿同春纹漳绒桌裙

085 桃红鹤鹿同春纹漳绒桌裙

19 世纪后期

宽 96cm，高 88cm

Inv. No.: 195

面料用桃红色漳绒，割绒显花，
纹样可见松树、仙鹤和梅花鹿，寓意鹤
鹿同春。上端垂帘亦用桃红色漳绒，可
见文字"普经堂置"。顶端缝粉色棉布，
衬里亦同。

086 红色盘金绣龙纹贡桌桌裙

19 世纪后期

宽 178cm，高 89cm

Inv. No.: 024

此件桌裙较宽，通常用于装饰祭祀的贡桌。面料用红色毛呢，盘金绣龙纹五尊，中间为正龙纹，两侧为升龙纹，下摆处有海水纹，还可见云纹、法轮纹、火珠纹等，除了龙纹的眼睛用红黑色和白色丝线，其他纹样皆用盘金。上端垂帘亦用红色棉绒面料，盘金绣二龙戏珠纹。两侧和低端有盘金绣蝙蝠纹缘饰和黑色丝绸滚边。顶端缝白色棉布，印花棉布衬里。

红色盘金绣龙纹贡桌桌裙

087 棕色暗花缎佛龛帘
19 世纪
宽 79cm，高 80.5cm
Inv. No.: 010

此件佛龛帘由三种不同材质、色彩和纹样的面料组成。顶端用粉色棉布，垂帘用白色缎，刺绣虫草纹样。两片佛龛帘用褐色暗花缎，百子图纹样。白色暗八仙纹织锦镶边和黑色滚边。粉色棉布衬里。

棕色暗花缎佛龛帘

088 大红缎地五彩绣麒麟送子纹轿帘

19 世纪后期

宽 46.5cm，高 64.5cm

Inv. No.: 036

此件很可能是用于轿撵上的窗帘。主体面料用大红缎地，刺绣麒麟送子纹样，可能用于婚礼，象征喜庆吉利和早生贵子。可见少年骑在麒麟之上，左手持战戟，右手高举桂花，左下还有童子手捧寿桃，四周可见牡丹纹、蝙蝠纹和折枝花卉纹。上端有豆绿色短垂帘，刺绣蝙蝠纹、如意纹、铜钱纹和莲花纹。两根黑色缎带垂落两侧绣帘之间。棉布衬里。

大红缎地五彩绣麒麟送子纹轿帘

089 大红缎地刺绣麒麟送子纹轿帘
19 世纪后期
宽 42cm，高 54cm
Inv. No.: 045

此件应该是用于轿撵上的窗帘。主体面料用大红缎地，五彩绣麒麟送子纹，少年骑坐麒麟，手持桂花，另有童子高举伞盖紧随其后。四周有牡丹和海棠图案，寓意富贵满堂。刺绣麒麟天降和喜送贵子纹样，可能用于婚庆场合。另有绿色缎地短垂帘，绣牡丹花卉和南瓜纹样。两侧和下摆有机织花边和黑色织金镶边，上端缝缀白色棉布，以便于悬挂。绿色暗花绸衬里。

大红缎地刺绣麒麟送子纹轿帘

090 黄色妆花缎龙纹椅披

18 世纪

宽 52.5cm，长 158cm

Inv. No.: 135

此件椅披年份较早，颇有宫廷气息。面料用明黄色妆花缎，纹样分为四部分。最顶端为灯笼纹，寓意五谷丰登，使用时折于椅背后面。然后是正龙纹和海水江崖纹，此为椅披的主题纹样，用于椅背部分。第三部分为抽象花卉纹，用于座位部分。最后一部分位于下摆，对狮纹样和海水江崖纹样。此外，还可见云纹、几何纹、蝙蝠纹等装饰纹样。灰色棉麻衬里。

黄色妆花缎龙纹椅披

红色缎地刺绣狮子绣球纹椅披

091 红色缎地刺绣狮子绣球纹椅披

19 世纪

宽 49cm，长 149.5cm

Inv. No.: 001

椅披是盖在椅子上的装饰物，一般为狭长的丝绸面料，包含三部分方形的图案，使用时分别位于椅子的三个面。此件椅披面料用红色缎，盘金绣狮子绣球纹样，上下两个方形纹样分别位于椅背和下摆，中间留有方形的空白，并用黑色织金镶边，位于椅子的座位部分。最上端有一个狭长的织金纹样，披挂于椅子后面。粉色棉布衬里。

092 红色缎地三蓝绣花卉纹椅披

19 世纪

宽 46cm，长 148cm

Inv. No.: 004

此件椅披面料用红色缎，略有褪色。椅背部分绣牡丹花卉团纹，四周有三角形装饰，构成方形图案。下摆处绣折枝牡丹纹。顶端绣抽象花卉装饰纹样，使用时折叠于椅背后面。灰色棉布衬里。

红色缎地三蓝绣花卉纹椅披细节

红色缎地三蓝绣花卉纹椅披

石青缎地刺绣蝴蝶花卉团纹椅披

此件面料用石青缎，五彩绣蝴蝶
花卉团纹，三个团纹略有不同，主题
纹样皆为牡丹蝴蝶纹。使用时三个团
纹分别位于椅背、座位和下摆处。椅
披四周缝缀片金缘饰。白色棉布衬里。

094 红色地缂丝椅披残片一对

18 世纪

a）宽 47.5cm，高 41.5cm

b）宽 43.5cm，高 42cm

Inv. No.: 082，Inv. No.: 083

此件为椅披的座位部分，被裁剪为方形的图案，其中一件有装裱，另一件则无。缂丝纹样皆用蓝色系，中心图案为万事如意纹，可见一对玉如意图案，一对万字纹，中间植物图案为万年青，四周有牡丹纹和菊花纹组成的柿蒂形适合纹样。四个角落织八宝纹，左上为宝鱼纹和莲花纹，右上为海螺纹和华盖纹，左下为宝瓶纹和宝伞纹，右下为法轮纹和盘长纹。两件面料纹样相同，其中一件裱有几何纹机织花边和黑色滚边，以及棉布衬里。

红色地缂丝椅披残片一对

五伦图，又称"伦叙图"，是以伦理为主题的吉祥图。它分别以凤凰、仙鹤、鸳鸯、鹡鸰、黄莺代表君臣、父子、夫妇、兄弟、朋友之道，蕴含着深刻的传统文化内涵。五伦即五常，《孟子滕文公》载："父子有亲，君臣有义，夫妇有别，长幼有序，朋友有信。"后人画花鸟，以凤凰、仙鹤、鸳鸯、鹡鸰、黄莺为五伦图。凤凰，据晋代张华《禽经》："鸟之属三百六十，凤为之长，又飞则群鸟从，出则王政平，国有道。"故用凤凰表示君臣之道。仙鹤，据《易经》："鸣鹤在阴，其子和之。"故用仙鹤表示父子之道。鸳鸯，据晋代崔豹《古今注·鸟兽》："鸳鸯，水鸟，凫类也。雌雄未尝相离，人得其一，则一思而死，故曰匹鸟。"故用鸳鸯表示夫妇之道。鹡鸰，据《诗经》："鹡鸰在原，兄弟急难。"故用鹡鸰表示兄弟之道。黄莺，据《诗经》："莺其鸣矣，求其友声。"故用黄莺表示朋友之道。

此件以米白色缎为面料刺绣五伦图纹样，并绣有文字，提名、落款和印章三枚，曰："五伦图"。其风格似明末清初时期露香园顾绣。顶端缝印花棉布，两侧和底部饰蓝色镶边。黄色棉布衬里。

米白色缎地刺绣五伦图帷幔

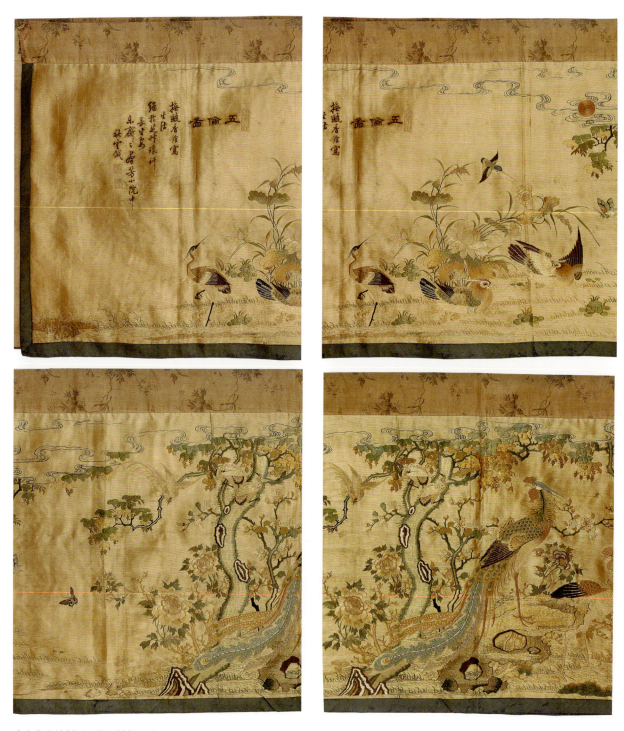

米白色缎地刺绣五伦图帷幔细节

096 绛红色暗花绸刺绣百子图帷幔

19 世纪

宽 190cm，高 53.5cm

Inv. No.: 016

此件面料用绛红色暗花绸，刺绣百子图纹样。帷幔被分割为三部分，中间为麒麟百子图，左侧为狮子百子图，右侧为龙纹百子图。三部分纹样分别饰有白色机织花边和蓝色刺绣蝴蝶花卉纹宽镶边。顶端缝缀粉色棉布。里料亦同。

绛红色暗花绸刺绣百子图帷幔

097 红色暗花绸刺绣百子图帷幔

19 世纪

宽 203.5cm，高 55.5cm

Inv. No.: 021

此件面料用花卉纹暗花绸，刺绣百子图纹样，寓意多子多福。两侧和底部用白色机织花边和黑色刺绣蝴蝶花卉纹宽镶边，顶端缝粉色棉布。

红色暗花绸刺绣百子图帷幔

098 红色缎地三蓝绣鲤鱼跃龙门帷幔

19 世纪后期

宽 206cm，高 42cm

Inv. No.: 003

面料用红色缎，中心纹样为鲤鱼跃龙门，由海水、门楼和鲤鱼图案构成纹样。古代中国传说中，鲤鱼跳过龙门，就会变化成龙，寓意中举、升官等飞黄腾达之事，也比喻逆流前进，奋发向上。左侧可见麒麟纹，右侧为凤凰纹，还可见蝴蝶、兰草、牡丹等装饰纹样。帷幔两侧和下摆用白色机织花边和黑色缎纹镶边，顶端缝蓝色棉布，以便于固结使用。

红色缎地三蓝绣鲤鱼跃龙门帷幔

红色缎地三蓝绣鲤鱼跃龙门帷幔细节

099 绢本设色手绘帷幔

19 世纪

宽 196cm，高 42cm

Inv. No.: 202

此件帷幔更像一幅卷轴画。画面内容为群仙庆寿图，可见 23 个人物形象，其中两位主人端坐堂屋，八位仙人站立两侧，纷纷道贺，四个童子在堂前玩耍，另有九位仙人于庭院之中。顶端和衬里缝缀粉色棉布。

绢本设色手绘帷幔

绢本设色手绘帷幔细节

绢本设色手绘帷幔细节

100 红色百子图织锦缎帷幔

19 世纪后期

宽 210cm，高 37.5cm

Inv. No.: 150

此件织锦缎红色缎地，黄色纬线显花。纹样连续，两排童子其一手持桂圆和兰花，寓意金榜题名；其二手持佛手和如意，寓意吉祥如意。下摆有织金花边装饰纹样，顶端和里料用紫灰色棉布。

红色百子图织锦缎帷幔

101 绿色暗花绸绣凤凰牡丹纹帷幔

19 世纪后期

宽 197cm，高 54cm

Inv. No.: 203

此件面料用绿色暗八仙云纹暗花绸，刺绣凤凰牡丹纹，可见两只凤凰展翅相对，中间为折枝牡丹纹花卉，以及菊花纹、兰草纹、蝴蝶纹等装饰纹样。两侧和底部有蓝色缎纹镶边，两个角落分别饰如意形云头。顶端缝白色棉布。

绿色暗花绸绣凤凰牡丹纹帷幔

绿色暗花绸绣凤凰牡丹纹帷幔细节

102 黄色花卉纹织锦缎帷幔

19 世纪末 20 世纪初

宽 198cm，高 52cm

Inv. No.: 151

此件帷幔面料用黄色织锦缎，织牡丹纹样。两侧和底部有蓝色镶边。顶端和里料用白色棉布。

黄色花卉纹织锦缎帷幔

103 绿色缎地刺绣博古纹帷幔
19 世纪后期
宽 117cm，高 45cm
Inv. No.: 012

面料用绿色缎地，五彩绣博古纹。博古即古代器物，由《宣和博古图》一书得名，泛指鼎、尊、彝、瓷瓶、玉件、书画、盆景等装饰纹样，寓意高洁清雅。此处可见各种各样的花瓶，笔墨纸砚，琴棋书画，以及牡丹、菊花、佛手、灵芝等图案的装饰纹样。两侧和底端有双层机织花边，黑色刺绣宽边和蓝色滚边。棕色棉布衬里。顶端有遗失。

绿色缎地刺绣博古纹帷幔

104 蓝色缎盘金绣凤穿牡丹纹帷幔

20 世纪初期

宽 202cm，高 41cm

Inv. No.: 028

面料用宝蓝色缎，盘金绣凤穿牡丹纹，两只凤凰展翅相对，栖息在牡丹枝头。四周采用白色刺绣花卉纹镶边和蓝色滚边。棉布衬里。从纹样来看像帷幔，但其四周镶边，可能为后人缝改。

蓝色缎盘金绣凤穿牡丹纹帷幔

蓝色缎盘金绣凤穿牡丹纹帷幔细节

105 白色缎地刺绣床围垂绦

19 世纪

宽 17.4cm，长 120cm

Inv. No.: 025，Inv. No.: 026

此为床围上用于装饰的两根垂绦，面料用白色缎，五彩绣小团花纹，主要为各种花卉小景，绣工精细。下摆处有箭头形绿色机织花边和多层黑色镶滚边。白色棉布衬里。

白色缎地刺绣床围垂绦

106 红色缂丝庆寿图

19 世纪后期

宽 130cm，长 326cm

Inv. No.: 105

....

　　红色地缂丝结合手绘构成纹样。可见麻姑手捧宝盆和宝瓶。麻姑是道教人物，又称寿仙娘娘。寿星亦如道教中的神仙，其左手持仙仗，右手扶仙鹿。鹿谐音禄，寓意功名利禄。此件庆寿图多作为庆贺老人寿辰的礼品。

红色缂丝庆寿图

红色缂丝群仙庆寿图

107 红色缂丝群仙庆寿图

19 世纪后期

宽 93cm，高 167cm

Inv. No.: 112

此件为缂丝面料，结合手绘纹样，
缂画结合，纹样细腻。无衬里。

红色缂丝群仙庆寿图细节

红色缎地刺绣"汾阳宫"庆寿图横幅

108 红色缎地刺绣"汾阳宫"庆寿图横幅

19 世纪后期

宽 75cm，长 515cm

Inv. No.: 71

　　"汾阳宫"是隋炀帝时期所建造的行宫，故址在今山西省宁武县西南管涔山上。其规模壮观，水榭歌台，栈道回廊，极尽奢华。一般认为在唐代初期被废弃。

　　此件横幅织绣于清代晚期，表达了人们对美好生活的向往和祝愿。可见亭台楼阁，男女主人端坐厅堂，童子跪拜，侍女执扇，宾客满朋，各人手持笏板、如意、画卷、桂花、牡丹等吉祥宝物，还可见松柏、兰花、海棠、灵芝、寿桃、翠竹等图案的吉祥纹样。

红色缎地刺绣"汾阳宫"庆寿图横幅细节

109 红色缎地刺绣百子图横幅

19 世纪后期

宽 116cm，高 32cm

Inv. No.: 009

面料用红色缎地，五彩绣百子图，可见童子舞龙、童子舞狮、麒麟送子，以及福寿三多等吉祥纹样。黑缎镶边，蓝色棉布衬里。

红色缎地刺绣百子图横幅

110 白色缂丝紫藤金鱼蝴蝶菊花纹横幅

19 世纪

宽 123cm，高 39cm

Inv. No.: 102

白色缂丝面料，可见紫藤、金鱼、蝴蝶、菊花等图案的纹样。粉色衬里。

白色缂丝紫藤金鱼蝴蝶菊花纹横幅

111 红色花卉纹织锦缎横幅

19 世纪后期

宽 61cm，高 24.5cm

Inv. No.: 134

红色花卉纹织锦缎，可见蝙蝠、石榴、蝴蝶图案的纹样，以及由兰花、牡丹、菊花和梅花图案构成的四季花卉纹。无衬里。

红色花卉纹织锦缎横幅

112 白色缎地刺绣官上加官喜上眉梢纹条幅一对

19 世纪后期

a）宽 29cm，高 86cm

b）宽 29cm，高 79cm

Inv. No.: 1273，Inv. No.: 72

刺绣条幅一对，分别为官上加官纹和喜上眉梢纹。官上加官是中国传统吉祥图案，由雄鸡、鸡冠花组成。雄鸡头顶有大红冠，"冠"谐音"官"，意喻步步高升。清晚时期颇为流行。还可见喜鹊、菊花、萱草、石榴、寿石和一只蝈蝈，共同构成吉祥图案。

喜上眉梢纹也是传统吉祥纹样，亦作"喜鹊登梅"，民间多以喜鹊喻喜庆之事，"梅"与"眉"同音，故又作"喜上眉梢"，描述人逢喜事，神情洋溢的样子。条幅中可见寿石、兰草、苍劲有力的梅花和三只栩栩如生的喜鹊。

白色缎地刺绣官上加官喜上眉梢纹条幅一对

113 棕色缎地刺绣人物纹样条幅一对

19 世纪

宽 36.5cm，高 147cm

Inv. No.: 068，Inv. No.:069

··

　　此件棕色缎地，绣古代文人形象，可见男子头戴官帽，或手持笏板，或互相作揖，这些画面寓意着加官进爵。白色棉布衬里，黑色暗花缎镶边，白色滚边。

棕色缎地刺绣人物纹样条幅一对

114 宝蓝缂丝富贵平安纹条幅
一对
19 世纪
长 82cm，宽 26cm
Inv. No.: 103，Inv. No.: 104

缂丝面料，左侧图案为牡丹和木兰花插在花瓶里，寓意富贵平安。下面放着爵和铜钱，也代表富贵绵延。右侧图案为一盆菊花和佛手，下有蝙蝠和松柏，寓意福寿绵长。

宝蓝缂丝富贵平安纹条幅一对

115 红色暗花绸刺绣麒麟送子纹绣片

19 世纪后期

宽 45.5cm，高 76.5cm

Inv. No.: 038

此件绣片面料用花卉纹暗花绸，五彩绣麒麟送子纹，可见贵子天降，手持如意，骑坐麒麟。两位童子一前一后，前者手持石榴，寓意多子多福；后者手持宝瓶，内含三枚剑戟，寓意平升三级。四周可见山石、花卉、蝙蝠等图案的吉祥纹样。从其规格和纹样来看，此件面料很可能来自于轿帘或镜帘。四周缝有机织花边和黑色刺绣滚边。印花棉布衬里。

红色暗花绸刺绣麒麟送子纹绣片

116 红色缎地刺绣麒麟送子纹绣片

19 世纪后期

宽 49cm，高 64cm

Inv. No.: 039

　　面料为红色缎，五彩绣麒麟送子纹，贵子骑坐麒麟，手持桂花，前后两位童子，前者举旗，后者持扇，还可见山石、花卉、蝙蝠等图案的吉祥纹样。四周缝缀机织花边和黑色刺绣镶边。蓝色棉布衬里。此绣片可能源于轿帘或镜帘。

红色缎地刺绣麒麟送子纹绣片

117 红色缎地刺绣囍字花卉纹绣片

19 世纪后期

宽 62cm，高 78cm

Inv. No.: 027

面料为大红素缎，五彩绣"囍"字花卉纹。四周缝缀机织花边和黑色镶边。根据红色面料和喜字纹样推断，此件很可能用于婚庆场合。

红色缎地刺绣囍字花卉纹绣片

118 红色缎地打籽绣麒麟送子图绣片
19 世纪后期
宽 58cm，高 89cm

Inv. No.: 035

红色缎地，打籽绣麒麟送子图，可见贵子身穿交领长袍，手持桂花，骑坐麒麟，四周四位童子，分别手持如意、笙、宝盆和珊瑚，下面有海水纹和山石纹，可见莲花出水、鸳鸯嬉戏。打籽绣精致细腻，纹样生动俏皮。

红色缎地打籽绣麒麟送子图绣片

119 绿色缎地刺绣荷塘小景绣片

19 世纪后期

宽 50cm，高 63cm

Inv. No.: 073

湖绿色缎，刺绣荷塘小景，可见弧形波浪纹和荷花三五支、荷叶两三片、鸳鸯一对。四周有白色机织花边，黑色缎地镶边，白色几何纹暗花绸衬里。

绿色缎地刺绣荷塘小景绣片

120 棕色缎地刺绣蝴蝶花卉纹绣片

19 世纪后期

宽 35cm，高 39cm

Inv. No.: 30

棕色缎地，刺绣蝴蝶花卉纹，四周镶黑色瓜瓞绵绵纹机织花边，黑色滚边，黄色棉布衬里。

棕色缎地刺绣蝴蝶花卉纹绣片

121 绿色江绸五彩绣花卉纹绣片

19 世纪后期

长 69.5cm，宽 44cm

Inv. No.: 077

面料为绿色江绸，刺绣花卉纹样，可见牡丹、海棠图案，寓意富贵满堂。石青缎地三蓝绣花卉纹镶边，蓝色滚边。白色棉布衬里。

绿色江绸五彩绣花卉纹绣片

绿色缎地刺绣花卉纹绣片

122 绿色缎地刺绣花卉纹绣片

19 世纪后期

宽 43.5cm，高 32cm

Inv. No.: 078

刺绣花卉纹，黑色缎地宽镶边。

灰绿色暗花绸彩绣花卉蝴蝶纹绣片

123 灰绿色暗花绸彩绣花卉
蝴蝶纹绣片

19 世纪后期

宽 136cm

Inv. No.: 023

灰绿色瓜瓞绵绵纹暗花绸，五彩
绣蝴蝶花卉纹，可见牡丹、菊花、梅花、
佛手、桃子等图案。面料中间有不规则
拼缝，四周缝缀黑色地三蓝绣花草纹镶
边，以及黑色滚边。灰色棉布衬里。

124 白色暗花绸刺绣花蝶纹绣片

19 世纪后期

宽 48cm，高 48cm

Inv. No.: 018

面料为白色暗花绸，由南瓜、葡萄、蝴蝶、花卉图案构成瓜瓞绵绵暗花纹，刺绣牡丹、兰花、海棠、蝴蝶等图案的纹样。四周镶机织花边，黑色织锦镶边，蓝色滚边，蓝色素锻衬里。

白色暗花绸刺绣花蝶纹绣片

125 白色三多纹纳锦绣片

19 世纪

宽 34cm，高 48cm

Inv. No.: 002

　　面料为纱地波浪纹纳锦，戳纱绣彩色纹样，中间为折枝牡丹，四个角分别为南瓜、桃子、石榴和佛手图案，寓意富贵多子，多福多寿。四周饰机织花边，黑色刺绣镶边。绿色暗花绸衬里。

白色三多纹纳锦绣片

126 白色缎地刺绣人物故事纹绣片

19 世纪后期

宽 30cm，高 40cm

Inv. No.: 079

面料为白色缎地，刺绣人物故事纹样，可见亭台小景、仕女翻书、公子划船、孩童采莲的景象。四周有福寿纹机织花边，花卉纹五彩绣镶边，黑色滚边，蓝色丝绸衬里。

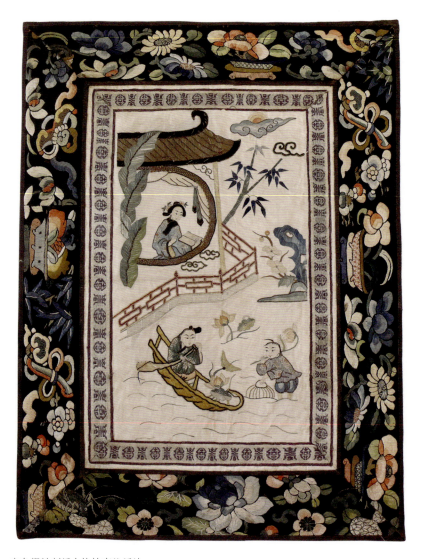

白色缎地刺绣人物故事纹绣片

白色地平安富贵纹纳锦

纳锦为纳纱绣的一种，当绣工铺满纱地组织，面料呈现出织锦的效果，因此成为纳锦。此件地部组织为方孔纱，纳绣白色几何纹铺地，彩色平安富贵纹，四周镶机织花边。

128 红色麻布三蓝绣花蝶纹绣片一对

19 世纪后期

宽 44.5cm，高 45cm

Inv. No.: 006，Inv. No.: 007

此件面料为麻纤维组织，三蓝绣蝴蝶花卉纹。从纹样和规格推测，可能源于传统的椅披。

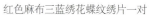

红色麻布三蓝绣花蝶纹绣片一对

红色缎地刺绣花卉纹绣片

129 红色缎地刺绣花卉纹绣片

19 世纪后期

长 43.5cm，宽 22cm

Inv. No.: 076

此件绣片由两片拼接，无衬里。面料为红色缎地，五彩绣花卉纹，可见菊花、牡丹等图案。从纹样和规格看，可能由椅披残片拼缝。

红色缎地刺绣折枝牡丹纹椅披绣片

130 红色缎地刺绣折枝牡丹纹椅披绣片

19 世纪

宽 45.5cm，长 48.5cm

Inv. No.: 008

面料用红色缎，五彩绣折枝牡丹纹，伴有云纹、蝙蝠纹，左下还可见万事如意纹。可能为椅披残片。

131 红色缎刺绣刘海戏金蟾纹绣片

19 世纪后期

宽 58cm，高 55cm

Inv. No.:O 44

面料为红色缎，色彩略发黄。刺绣海水纹，左右两艘聚宝船，中间为山石，刘海形象手持铜钱，脚踩三足金蝉，左右两株折枝花卉，分别为牡丹和石榴，寓意富贵多子。"刘海戏金蟾"典故出自道教，由传说的辟谷轻身的人物附会而成。金蟾是一只三足青蛙，古时认为得之可致富。寓意财源兴旺，幸福美好。

红色缎刺绣刘海戏金蟾纹绣片

132 棕褐色缎地刺绣面料

19 世纪后期

宽 114cm，高 76cm

Inv. No.: 065

风景纹样，可见房屋庭院荷塘，小桥流水人家，图案有金鱼、水草、野花、松树、柳树、海棠、桃子等，
远处还有几叶小舟。粉色棉布衬里。

棕褐色缎地刺绣面料

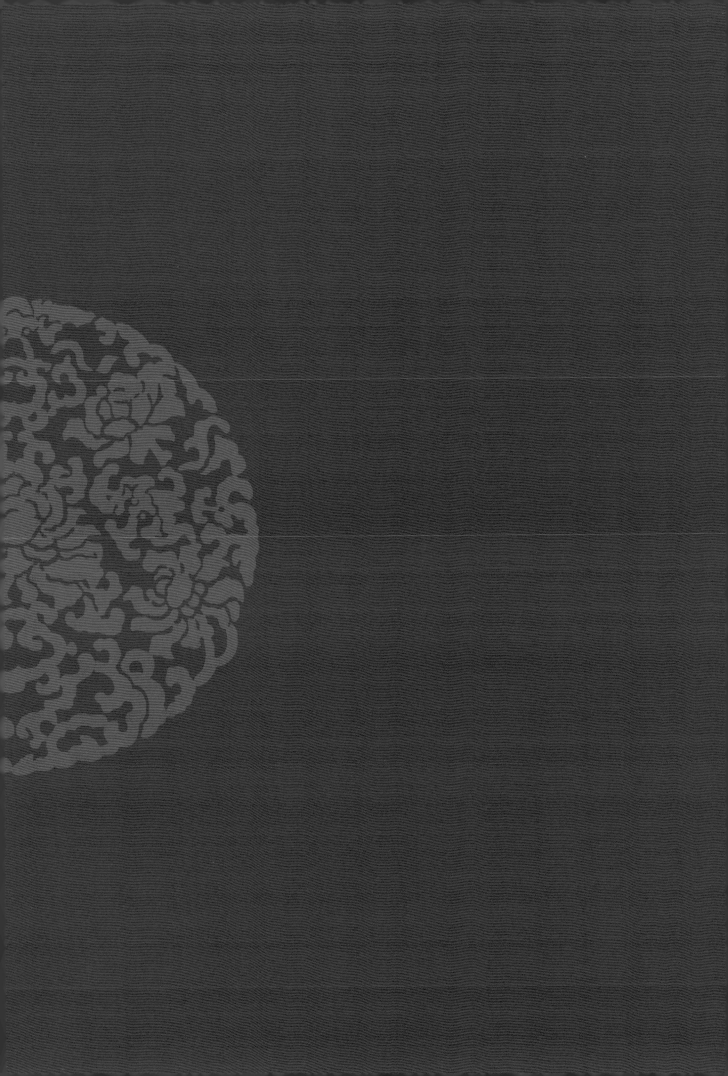

织
物

ULITA 收藏的清代织物颇多，有些作为服饰或装饰的残片，可以推测其本来面貌，便收入了本书之前的章节，例如龙纹残片、马面裙残片，前面章节都有录入。有些织物已经无法推测其出处，只得汇集于此。其中部分已经缝制成窗帘、床单、桌布等装饰用品。这些织物的工艺、用途、纹样都颇为丰富，基本上涵盖了晚清时期常见的织物品种。可见妆花、织锦、织金、漳绒，以及暗花织物。

133 红色寸蟒缎

19 世纪

宽 188cm，长 246cm

Inv. No.: 142

————————————————————

　　清代寸蟒缎纹样为小团龙和如意纹组成的循环纹样，横向的每行纹样，团龙与云纹间隔排列。至下一行，则团龙纹对应上一行的云纹，云纹对应上一行的龙纹。此类纹样布局，称之为云锣摆。其幅宽一般在 70cm 左右，此件用两个整幅加一个半幅拼缝成 188cm 的宽度，并且缝了灰色棉布衬里和白色棉布帘头，可用作窗帘、挂账或床单等。

红色寸蟒缎

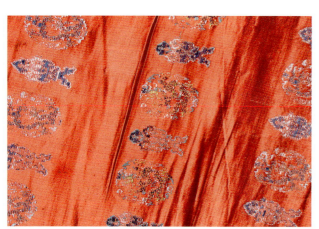

红色寸蟒缎细节

134 明黄色寸蟒缎

19 世纪后期

宽 71.5cm，长 65cm

Inv. No.: 179

寸蟒缎是清代常见的丝绸面料，由小团龙纹和云纹构成循环图案。此件还加了折枝花卉纹。面料边缘有手缝的痕迹。

明黄色寸蟒缎

135 黄色龙凤纹织锦缎

19 世纪后期

长 138cm，宽 40cm

Inv. No.: 133

黄色龙凤纹织锦，纹样四方连续，还可见牡丹纹和莲花纹。黑色缎纹宽镶边，蓝色棉布衬里。

黄色龙凤纹织锦缎

136 红色缠枝牡丹纹织锦缎

19 世纪后期

宽 138cm，长 179cm

Inv. No.: 124

清代织锦缎面料一般幅宽在 70cm，此件用两幅拼缝而成。面料主体纹样为缠枝牡丹纹，上下两端有多层栏杆、花边、奎龙，以及回纹装饰。

红色缠枝牡丹纹织锦缎

137 红色缠枝花卉纹织锦缎

19 世纪末 20 世纪初

宽 147cm，长 204cm

Inv. No.: 141

此件中间有拼缝，缠枝花卉纹，上下两部分略有不同。一部分为缠枝莲纹样，另一部分为缠枝牡丹纹，中间有回纹、花卉纹、万字纹构成横向分割。蓝色花卉纹丝绸衬里。

红色缠枝花卉纹织锦缎

红色折枝牡丹纹织锦缎

138 红色折枝牡丹纹织锦缎

19 世纪

宽 79.4cm，长 194cm

Inv. No.: 125

面料为红色地折枝牡丹纹织锦缎，牡丹纹样循环，但是色彩各不相同。缝黑色镶边和灰色棉布衬里。

139 绿色蝴蝶花卉纹织锦缎

19 世纪后期

宽 25.5cm，长 90.5cm

Inv. No.: 189

....

　　绿色蝴蝶花卉纹织锦。可见图案梅花、菊花、牡丹、宝相花，蝴蝶花间飞舞，还可见法螺、盘长等吉祥纹样。蓝色棉布衬里。

绿色蝴蝶花卉纹织锦缎

140 红色连生贵子织锦缎

19 世纪

宽 57cm，长 83cm

Inv. No.: 127，Inv. No.: 128

红色地织"连生贵子"纹样，可见手持莲花和手持桂花的男童构成循环图案，寓意连生贵子。中国传统文化认为多子多福，因此与子孙相关的纹样很多。面料两侧分别使用栏杆、花边、龙纹、回纹等横向纹样。缝蓝色丝绸衬里，大概用作窗帘或装饰。

红色连生贵子织锦缎

141 蓝色连生贵子凤穿牡丹纹织锦缎

19 世纪后期

宽 73cm，长 215cm

Inv. No.: 131

面料为蓝色织锦缎，以回纹、象形龙纹和万字纹三个横向纹样分割成两部分，一部分为连生贵子纹，可见儿童手持桂花、佛手、昇、毛笔等吉祥物件的循环纹样；另一部分为凤穿牡丹纹。

蓝色连生贵子凤穿牡丹纹织锦缎

142 红色连生贵子凤穿牡丹纹织锦缎

19 世纪后期

宽 168cm，长 218cm

Inv. No.: 154

此件面料分为两部分，一部分为连生贵子纹，可见儿童手持桂花等纹样；另一部分为凤穿牡丹纹，可见凤凰与牡丹的循环纹样。中间有回纹、象形龙纹和万字纹等横向条纹分割。蓝色暗花绸衬里。

红色连生贵子凤穿牡丹纹织锦缎

143 红色连生贵子凤穿牡丹纹
织锦缎
19 世纪后期
宽 150cm，长 215cm
Inv. No.: 155

此件织锦面料左右拼缝而成，自上
而下分别由三条回纹和万字纹栏杆将面
料主题图案分为两部分，上部较短，饰
凤穿牡丹纹图案，下部较宽大，作为面
料的主体纹样，饰连生贵子纹。连生贵
子纹锦在清代颇为常见，多用作新婚嫁
娶，祝福多子多福。

红色连生贵子凤穿牡丹纹织锦缎

144 棕色连生贵子纹织锦缎

19 世纪后期

宽 68cm，高 35.5cm

Inv. No.: 192

棕色连生贵子纹织锦缎正面

棕色连生贵子纹织锦缎反面

145 红色妆花缎
18 世纪
宽 97cm，高 79cm
Inv. No.: 137

妆花织物属于纬重结构，即在原有地纬的基础上，插入彩色花纬，构成纹样。具体又可根据地部组织的不同称之为妆花纱、妆花绫、妆花缎等。明清时期，妆花织物颇为常见，尤其是妆花缎。

此件面料由两块拼缝而成。其一为缠枝花卉纹织锦缎，可见缠枝牡丹纹和缠枝宝相花纹。其二为龙纹妆花缎，可见两尊龙纹和海水江崖纹。四周饰片金缘和黑色滚边。灰色暗花绸衬里。

红色妆花缎

146 黄色缎地仙鹤纹锦缎

19 世纪

宽 75cm，高 58.8cm

Inv. No.: 184

明黄缎地，花纹以彩色丝线织成，纹样为仙鹤庆寿，不同色彩的仙鹤展翅而飞，衔灵芝或石榴纹样，还可见云纹和桃子纹。面料有白色镶边。

黄色缎地仙鹤纹锦缎

147 蓝色地缠枝莲纹锦

19 世纪后期

宽 77cm，高 38cm

Inv. No.: 176

此件由色彩不同的缠枝莲纹构成图案，四方连续，织金银线勾勒图案轮廓。四周有金色镶边。

蓝色地缠枝莲纹锦

红色缠枝花卉纹织锦缎

148 红色缠枝花卉纹织锦缎
19 世纪后期
宽 78cm，高 65cm
Inv. No.: 181

此件织锦缎色彩亮丽，织金银线勾勒出图案轮廓。可见不同色彩的缠枝牡丹和缠枝宝相花纹样构成主题，中间还可见三多纹，即石榴、佛手、桃子图案的纹样，寓意多子、多福、多寿。机头文字曰"天下太平"。

石青地鹤鹿同春纹妆花缎

149 石青地鹤鹿同春纹妆花缎
19 世纪后期
宽 32cm，高 32.5cm
Inv. No.: 122

石青色鹤鹿同春纹妆花缎，蓝色丝绸衬里。

150 棕色妆花缎女装面料

19 世纪后期

宽 99cm，高 90cm

Inv. No.: 146

面料可能源自汉式女褂，两侧有拼缝，下饰海水江崖纹、鹤鹿同春团花纹。石青色织金镶边，白色镶边，棉布衬里。

棕色妆花缎女装面料

151 棕色八达运天华锦

18 世纪后期

宽 68cm，高 56.5cm

Inv. No.: 147

锦是多彩的提花织物，以多层的彩色纬线通梭织成图案，是中国古代丝织物中最为珍贵的一种，其价如金，故名为锦。其纬线多重，多于两种颜色，有的还加织金银丝线，并且不回纬。在同一个循环纹样上通常使用四五种彩色纬线。为使颜色更为丰富，锦通常用分段换色的方式，变换不同颜色作为织物的地组织，这样既有色彩变化，又能整体统一。

天华锦源自宋代，以几何循环纹样构成图案。至清代又复流行，也称宋式锦。此件有黑色镶边，以及本色宽镶边和黑色滚边。蓝色棉布衬里。应为后人为出口所缝改，以便用于家具装饰。

棕色八达运天华锦

152 几何纹宋式锦

19 世纪后期

宽 80cm，长 135cm

Inv. No.: 139

圆形几何纹宋式锦，黑色镶滚边，黄色暗花绸衬里。

几何纹宋式锦

153 蓝色夔龙纹锦

19 世纪后期

宽 75.5cm，长 168cm

Inv. No.: 186

此件织锦采用了中国传统的阴阳论，圆形图案中间采用阴阳两尊夔龙纹。团龙四周有宝相花小团纹相连接，借鉴了八达运宋式锦的风格。

蓝色夔龙纹锦

154 红色缎地团花纹锦

19 世纪后期

a）宽 23cm，长 90cm

b）宽 71cm，长 88cm

Inv. No.: 187，Inv. No.: 188

此件以红色缎纹为地，白色、绿色、蓝色丝线显花，织团花纹。蓝色棉布衬里。

红色缎地团花纹锦

155 蓝色万字纹铺地花卉纹织锦缎

19 世纪后期

宽 40.5cm，长 140cm

Inv. No.: 190

蓝色万字纹铺地花卉纹织锦缎

156 石青色狮子大象纹织锦缎

20 世纪前期

宽 47cm，长 47.5cm

Inv. No.: 149

此件可能是 20 世纪为出口而织造的丝绸面料，其中心图案为宝相花，以及四只大象纹样构成"太平有象"。然后由四只狮子构成方形图案。边缘是葡萄松鼠纹。

石青色狮子大象纹织锦缎

157 格子纹方方锦

19 世纪后期

宽 76cm，高 75.5cm

Inv. No.: 177

方方锦是蜀锦的一种，以彩色丝线制造出五彩斑斓的方格纹样，每个方格里又有几何纹、花卉纹、如意纹、杂宝纹等图案。

格子纹方方锦

158 红色缠枝莲纹织金缎

19 世纪

宽 75cm，长 166cm

Inv. No.: 126

....

　　织金是在丝织物上织入金银线来显示纹样的工艺。金线（或银线）通常分为两种，一种是片金，一种是捻金。片金是将金箔粘在纸上，割成金线。捻金是将金箔缠绕在丝线上，形成金线。织金织物大多属于纬重组织。金线通常比普通丝线更加名贵，因而比较常用作花纬，即织金织物在插织金线时，通常还有另一组作为地纬的纬线。

　　此件面料为红色织金缎，用片金线显花，金线极易脱落，缠枝宝相花纹样。四周镶片金缘饰和黑色滚边。蓝色棉布衬里。

红色缠枝莲纹织金缎

159 莲花纹织金锦

19 世纪末 20 世纪初

宽 71.5cm，长 139cm

Inv. No.: 185

织金锦是一种用金线显示花纹而形成具有金碧辉煌效果的织锦。此件面料地组织用黑色丝绸，用细密的圆金线织就纹样，抽象莲花纹四方连续。

莲花纹织金锦

莲花纹织金锦细节

160 玫红色龙纹织金缎
20 世纪前期
宽 93cm，长 94cm
Inv. No.: 148

此件方形织金缎为闭合纹样，中心图案为宝相花，四周可见四尊龙纹，两两相对，构成二龙戏珠纹。边缘是织金暗八仙纹。

玫红色龙纹织金缎

161 红色团纹织金缎

19 世纪

宽 77cm，高 15cm

Inv. No.: 193

红色缎地，织金团花纹。可见平安如意纹，由花瓶、如意和盘长图案构成纹样，还可见"四仪"纹样，即琴、棋、书、画构成纹样。

红色团纹织金缎正面

红色团纹织金缎反面

162 橘色绿色缠枝莲两色缎

19 世纪后期

宽 31cm，长 88cm

Inv. No.: 180

此面料采用橘红色缎地，灰绿色纬线显花，缠枝莲花纹。

橘色绿色缠枝莲两色缎

163 红色绿色缠枝宝相花正反缎

19 世纪后期

宽 77cm，长 78cm

Inv. No.: 178

———————————————

以红色绿色构成两色正反缎，主题纹样为缠枝宝相花，还可见寓意吉祥的如意纹，寓意长寿的桃子纹，寓意多福的蝙蝠纹。

红色绿色缠枝宝相花正反缎

164 绛红色三多纹漳缎

19 世纪末 20 世纪初

Inv. No.: 1268

———————————————

漳缎是起绒织物，织造时用起绒杆将经线织成绒圈，再按照花纹需要用织刀隔断绒圈使之起绒。

此件绛红色漳缎面料，起绒显花，由石榴、佛手、桃子图案组成的三多纹，寓意多子、多福、多寿。面料中心有原型拼缝。棕色刺绣镶边。棉布衬里。

绛红色三多纹漳缎

黄色人物纹漳绒

黄色人物纹样，漳绒显花。无衬里。

166 褐色花卉纹漳绒

19 世纪末 20 世纪初

宽 71cm，长 80cm

Inv. No.: 198

褐色漳绒面料，中心图案为宝相花，四周有装饰纹样和栏杆。蓝色织金缎镶边，黑色滚边。灰色棉布衬里。

褐色花卉纹漳绒

167 黑色花卉纹漳缎

19 世纪末 20 世纪初

宽 63cm，长 117cm

Inv. No.: 1265

缎纹地，割绒显花，可见八宝纹、灵芝纹、花卉万字纹。面料中间有破缝，中间有圆形拼接，可推测此为衣服件料，圆形为领口部分。蓝色丝绸衬里。

黑色花卉纹漳缎

168 黑色植物纹样漳缎

20 世纪前期

宽 73cm，长 127cm

Inv. No.: 200

此件由两片漳缎面料拼缝而成，起绒显花，每件纹样不同，多为风景纹样。四周有黑色龙凤纹织锦缎镶边。灰色棉布衬里。

黑色植物纹样漳缎

169 绿色百蝶纹漳绒氅衣件料

20 世纪前期

a）宽 70cm，高 64cm

b）宽 71.5cm，高 19cm

Inv. No.: 196，Inv. No.: 197

此件为百蝶纹氅衣件料，绿色缎地，漳绒显花，可见百蝶纹，以及衣服边缘处的花边纹样和如意云头图案。另一件可能为衣服的袖口图案。

绿色百蝶纹漳绒氅衣件料

170 天蓝色暗八仙纹暗花绸

19 世纪

宽 32cm，长 73cm

Inv. No.: 191

此类面料多用作服饰衬里。

天蓝色暗八仙纹暗花绸

171 浅绿色几何花卉纹暗花绫

19 世纪后期

宽 58cm，长 87cm

Inv. No.: 182

此件暗花绫由四片面料拼缝而成，丝绸面料，几何花卉暗花纹，一般用作服饰衬里。

浅绿色几何花卉纹暗花绫

八

配
饰

    ULITA 的配饰大部分源自波比·黑斯廷丝女士的捐赠，她于 20 世纪下半叶曾定居香港，期间收集了一批晚清民初的饰品。2015 年，波比·黑斯廷丝女士将她收藏的饰品捐赠 ULITA，共计 54 件，包括领围、童帽、荷包和扇袋等，这些饰品全部为丝织品，其中大部分所属晚清时期藏品，品相完好，也有部分藏品源于民国初年。

    此节包含云肩、扇袋、眼镜荷包、文件夹、眉勒、荷包、童帽，以及挂饰等配饰。

172 宝蓝缎拉锁绣云肩

19 世纪

长 73cm，宽 73cm

Inv. No.: 2015.190

··

　　面料用宝蓝色缎，小纺衬里。如意四垂云，云头之间打结，缝缀珠串。多层镶滚花边，可见机织花边，白色滚边，片金镶边和天蓝色滚边。领口缝缀蓝色一字纽，开襟处钉金属扣。刺绣工艺采用平绣、拉锁绣和打籽绣相结合。可见四季花卉纹、杂宝纹，还有蝴蝶纹、仙鹤纹和梅花鹿纹等吉祥纹样。

宝蓝缎拉锁绣云肩

173 宝蓝缎盘金绣云肩

19 世纪后期

宽 40cm，高 35cm

Inv. No.: 2015.191

....

面料用宝蓝色缎，盘金绣缠枝花卉纹样。六边形款式，镶织金花边，缝缀蓝色一字纽两对。盘金绣是用丝线将圆金线缝缀固定在丝绸面料上的刺绣工艺，清代颇为流行。圆金线又称捻金线，是将金属压制切割成细长金箔，然后缠绕在丝线上而成。

宝蓝缎盘金绣云肩

174 彩色暗花绸拼缝刺绣云肩
19 世纪后期
宽 49cm，高 52cm
Inv. No.: 2015.192

面料由浅绿、玫红、橘色和白色暗花绸拼缝而成。抽象四垂云造型，刺绣抽象纹样，可见花卉、葫芦、虫鸟等图案。多层线香滚缘饰，包括机织花边、织金花边、蓝色滚边等。挖花拼缝处有珠串装饰和链接。领口缝黑色一字纽，纽扣遗失。

彩色暗花绸拼缝刺绣云肩

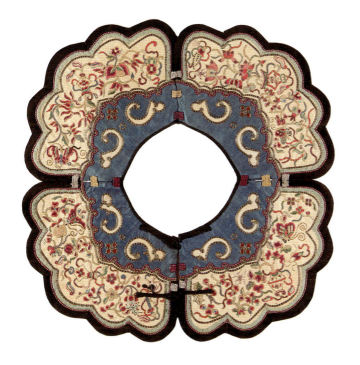

175 蓝白缎拼缝打籽绣云肩
19 世纪后期
宽 35cm，高 35cm
Inv. No.: 2015.193

面料采用蓝色和白色素缎拼缝而
成，蓝色面料和桃红色刺绣形成对撞。
花瓣型四垂云造型，连接处以丝线打
结。打籽绣蝴蝶花卉纹样，可见莲花、
梅花、菊花、桃子、石榴，以及宝剑、
花瓶、铜钱等图案的吉祥纹样。以盘金
绣花边、机织花边和黑缎滚边作为缘饰。

蓝白缎拼缝打籽绣云肩

176 黑色缎地三蓝绣石榴纹云肩

19 世纪后期

宽 39cm，高 35cm

Inv. No.: 2015.194

....

面料用黑色素缎。三蓝绣和盘金绣构成石榴花卉纹样，石榴纹在中国传统服饰纹样中寓意多子多福。以双层多条重叠构成扇形云肩。纽扣遗失。

黑色缎地三蓝绣石榴纹云肩

177 黑色缎地盘金绣葡萄纹云肩

19 世纪后期

宽 34cm，高 26cm

Inv. No.: 2015.195

此件云肩规格偏小，以 10 片盘金绣葡萄纹黑缎面料构成，分别缝缀在黑色领口上。以金属套扣闭合。

黑色缎地盘金绣葡萄纹云肩

178 彩缎拼缝打籽绣云肩

19 世纪后期

宽 26cm，高 26cm

Inv. No.: 2015.196

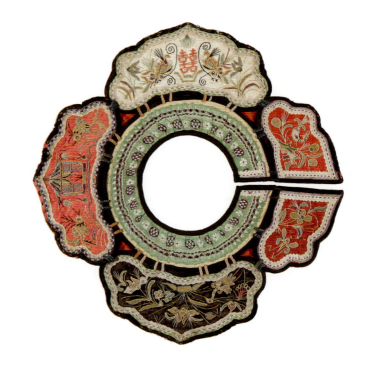

四垂云分别用白色、黑色、红色和粉色缎，领口用黑缎镶边和绿色机织花边，以丝线打结相连接。红色丝绸衬里。打籽绣纹样，可见蝴蝶兰花纹、金鱼水草纹、喜字纹等。可能用于婚庆场合。

彩缎拼缝打籽绣云肩

白色缎地盘金绣铺地五彩绣人物故事纹云肩

179 白色缎地盘金绣铺地五彩绣人物故事纹云肩

19 世纪后期

宽 45cm，高 47cm

Inv. No.: 1256

以四个大云头和四个小云头构成四垂云云肩。面料用白色缎，施以盘金绣铺地；云头处开光方可见白色面料，施以五彩绣。大云头上用人物故事纹，小云头则用花卉纹，可见葫芦、石榴、佛手、蝙蝠等图案的吉祥图案。蓝色素缎滚边，里侧缝几何纹机织花边。此云肩圆领，大云头处开襟，蓝色一字纽闭合。值得注意的是其领口较大，与清代服饰习俗不符，推测应为后人更改所致。

白色缎地刺绣花草纹领围

180 白色缎地刺绣花草纹领围

19 世纪后期

宽 29cm，高 27.5cm

Inv. No.: 055

盘金绣勾连纹，黑色镶边，白色棉布衬里。

181 蓝色缎地刺绣花鸟纹小件

19 世纪

上端宽 18cm，底部宽 7cm，

高 12.5cm

Inv. No.: 64

蓝色缎地刺绣花鸟纹小件正面

蓝色缎地刺绣花鸟纹小件反面

182 缎地打籽绣扇袋

19 世纪

长 31cm，宽 5cm

Inv. No.: 2015.199

扇袋两面分别用蓝色缎和棕色缎地，打籽绣和盘金绣纹样。一面为动物、花盆、香炉等供奉用品和摆件的图案；另一面为梅花、竹子、金蝉等图案，象征知足常乐、"鸣"声清远。黑白两色织锦镶边，绿色绦带。

缎地打籽绣扇袋

183 缎地拉锁绣喜鹊登梅纹扇袋

19 世纪

长 32cm，宽 6.5cm

Inv. No.: 2015.200

扇袋两面分别用白色缎和棕色缎地，拉锁绣喜鹊登梅纹样。两面纹样相同，折枝梅花凌寒开放，喜鹊蹬枝展翅，梅花是春天的使者，喜鹊是好运与福气的象征，寓意吉祥喜庆，喜事将至。

缎地拉锁绣喜鹊登梅纹扇袋

白色缎地盘金绣扇袋

184 白色缎地盘金绣扇袋

19 世纪

长 32cm，宽 5cm

Inv. No.: 2015.201

　　面料用白色缎，盘金绣铺地，不规则形状开光刺绣纹样，可见亭台楼阁、小桥流水的纹样，中间描绘了贤者雅士树下骑驴行走的悠闲景象。

185 石青缎地拉锁绣花蝶纹扇袋

19 世纪

长 30cm，宽 6cm

Inv. No.: 2015.202

面料用石青缎地，蓝色拉锁绣蝴蝶花卉纹。一面为菊花蝴蝶纹样，一面为缠枝牡丹纹样。

石青缎地拉锁绣花蝶纹扇袋

186 宝蓝缎地盘线绣金石纹扇袋

19 世纪

长 31cm，宽 6cm

Inv. No.: 2015.203

扇袋用宝蓝缎地，盘线绣金石纹样。金石纹是将古代金石文字加入贝币、五株、刀币等古代钱币纹饰中，文字内容有些源自临摹，亦有模仿意境者，取吉祥之意。清代同治光绪时期颇为流行。

宝蓝缎地盘线绣金石纹扇袋

187 打籽绣铺地蝴蝶花卉纹扇袋

19 世纪

长 28cm，宽 4.5cm

Inv. No.: 2015.204

....

　　黄色打籽绣铺地，三蓝打籽绣蝴蝶牡丹纹。此扇袋形制上与清代常见的扇袋略有不同，一方面顶部没有如意云头和绦带，而是加了小翻盖和粘扣；另一方面底部也有修改的痕迹，无椭圆形底盖。这些剪裁修改很可能是流入海外后，被当地人或者收藏者所改。

打籽绣铺地蝴蝶花卉纹扇袋

红色缎地福寿三多纹盘金绣扇袋

188 红色缎地福寿三多纹盘金绣扇袋

19 世纪

长 29.3cm，宽 5.4cm

Inv. No.: 2015.205

扇袋面料为大红素缎，两色金银线盘金绣福寿三多纹，可见蝙蝠、桃子、盘长、佛手等图案的吉祥纹样。扇袋两面纹样相同，蓝色格子纹包边，顶端缝绦带。

189 红色缎地拉锁绣仙鹤庆寿纹扇袋

19 世纪

长 32cm，宽 7cm

Inv. No.: 2015.206

扇袋用大红缎地，拉锁绣仙鹤庆寿纹。仙鹤在中国传统纹样中有长寿之意，有"仙鹤千年寿，福共海天长"之说。扇袋顶端有盘金绣如意云头，缝粉色绦带，饰有银色纽扣结。

红色缎地拉锁绣仙鹤庆寿纹扇袋

190 白色缎地刺绣花鸟动物纹样眼镜荷包

19 世纪

长 15cm，宽 8.1cm

Inv. No.: 2015.207

荷包用白色缎地，彩绣花鸟动物嬉戏图。一面可见松树、雏菊、花鸟、蝴蝶和对鹿图案，另一面可见喜鹊蹬枝、对马嬉戏的情景，生机勃勃。荷包边缘镶花边，并饰以绿色线香滚，顶端缝缀绦带。

白色缎地刺绣花鸟动物纹样眼镜荷包

191 蓝色缎地盘线绣眼镜荷包

19 世纪末 20 世纪初

长 15cm，宽 5.5cm

Inv. No.: 2015.208

面料用蓝色缎地，盘线绣抽象文字图案。绣"惠"字，寓意聪慧；绣大篆"寿"字，寓意长寿；绣"釜"字，寓意明辨。荷包中间可以打开，顶端缝缀红色绦带，饰陶瓷珠子，下端缝红色流苏，也用陶瓷珠子装饰。

蓝色缎地盘线绣眼镜荷包

192 黑色缎地盘线绣眼镜荷包

19 世纪末 20 世纪初

长 15.5cm，宽 5.5cm

Inv. No.: 2015.209

黑色缎地，盘线绣抽象文字图案。荷包中间可以打开，上端缝缀绦带，下端缝缀流苏，皆用陶瓷珠子装饰。

黑色缎地盘线绣眼镜荷包

193 几何纹纳纱绣名片夹

19 世纪

长 14cm，宽 7.5cm，厚 1.5cm

Inv. No.: 2015.210

此件面料用亮地纱，纳纱绣几何纹样，纹样铺满纱地，也称纳锦。荷包底端有流苏装饰和陶瓷珠子，盒子内芯可以抽出来，打开后为彩色素缎名片夹，做工精细。荷包有一定的厚度，便于放置名片、书信和轻薄的文件。

几何纹纳纱绣名片夹

194 彩缎拼缝绣花鸟纹眉勒

19 世纪

长 38cm，宽 4.5cm

Inv. No.: 2015.211

此件眉勒用彩色缎拼缝而成，绣花鸟纹，眉勒中心用金镶玉装饰，上下有黑色镶边。两端缝系带。

彩缎拼缝绣花鸟纹眉勒

195 白色缎地刺绣花鸟纹眉勒

19 世纪

长 42cm，宽 7cm

Inv. No.: 2015.212

面料用白色缎，彩绣花鸟纹样，可见梅花、莲花、兰花、竹子、佛手等各种植物图案，以及蝴蝶、螳螂、喜鹊、燕子等各种虫鸟图案。周围有盘金绣缘饰和黑色滚边。

白色缎地刺绣花鸟纹眉勒

196 红色几何纹暗花绸黑色刺绣镶边眉勒

19 世纪末 20 世纪初

长 21.5cm，宽 12.5cm

Inv. No.: 2015.213

此件眉勒面料用红色几何纹暗花绸，上下拼缝黑色缎地刺绣面料，绣彩色花鸟虫草纹样。边缘处饰有金色滚边。两侧缝灰绿色绦带。

红色几何纹暗花绸黑色刺绣镶边眉勒

197 黑色缎地锁绣抽象纹样眉勒

19 世纪后期

宽 24cm，长 17cm

Inv. No.: 2015.214

　　清晚期的眉勒不再是平面结构，两片拼接的时候出现了立体的弧形。面料用黑色素缎，拉锁绣抽象纹样，可见葫芦、石榴、芭蕉扇等图案。

黑色缎地锁绣抽象纹样眉勒

198 黑色丝绒刺绣心形耳套一对

19 世纪后期

长 9cm，宽 9cm

Inv. No.: 2015.215

面料用黑色丝绒，单色丝线绣葫芦缎带纹样。耳套多为心形，一侧较大，另一侧较小，较大的一侧可以打开，以便套穿在耳朵上。耳套底部缝缀系带。蓝色丝绸衬里。

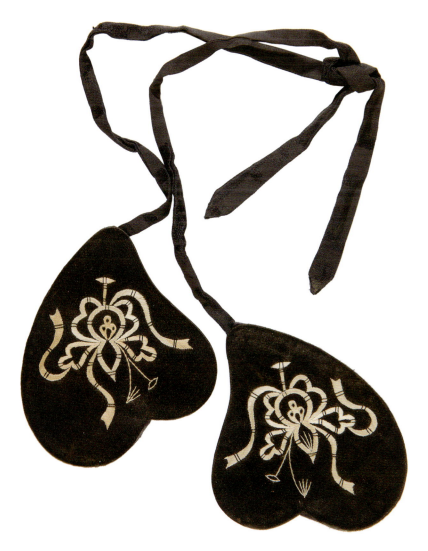

黑色丝绒刺绣心形耳套一对

199 宝蓝色缎刺绣团鹤纹耳套一对

19 世纪后期

长 11cm，宽 10cm

Inv. No.: 2015.216

此件面料用宝蓝色缎，白色刺绣团鹤纹，左右两侧和下方绣抽象装饰纹样。心形边缘有刺绣缘饰。耳套折叠处用黑色缎，蓝色丝绸衬里。

宝蓝色缎刺绣团鹤纹耳套一对

200 石青缂丝龙纹荷包一对

19 世纪

宽 12cm，高 10.5cm

Inv. No.: 2015.217.1，Inv. No.: 2015.217.2

此件荷包应为盛放香料的香囊，圆形包身，开口处有褶皱，用橘色绦带闭合，饰有陶瓷珠子。荷包面料为石青地缂丝，一面为龙纹和海水江崖纹，另一面为云纹和蝙蝠纹。

石青缂丝龙纹荷包一对

201 缎地刺绣福寿万代纹荷包

19 世纪

宽 10cm，高 14cm

Inv. No.: 2015.218

此件荷包为花瓶形状，中间褶皱，侧面开口，可能用来放置烟草等个人物品。面料为素色缎，一面为蓝色，一面为棕色。两面纹样相同，刺绣蝙蝠纹、桃子纹、铜钱纹和万字纹，寓意福寿万代。荷包边缘用蓝色几何纹镶边，顶端缝橘色绦带，两侧饰有流苏。

缎地刺绣福寿万代纹荷包

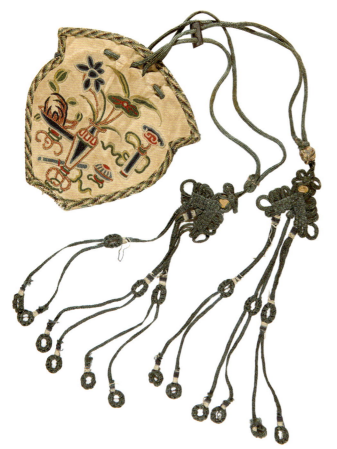

黄色缎地锁绣平安富贵纹荷包

202 黄色缎地锁绣平安富贵纹荷包

19 世纪

宽 9cm，高 9cm

Inv. No.: 2015.219

此件荷包呈阔口花瓶形，顶端开口，用绦带闭合。面料用红黄色缎，刺绣平安富贵纹，可见花瓶、荷花、佛手、灵芝等图案的吉祥纹样。周围用几何纹织锦面料镶边，顶端绦带较长，打中国结为装饰。

黄色缎地打籽绣花卉纹荷包

203 黄色缎地打籽绣花卉纹荷包

19 世纪后期

宽 21cm，高 11.2cm

Inv. No.: 2015.220

此件荷包为椭圆形，上端可以打开，开口处打结，可用来放置零钱等物品。面料用黄色缎地，以刺绣将椭圆形面料分割成上下两部分，上部分用黑色丝线绣"荷包"二字，下部分用红色打籽绣铺地，绣牡丹花卉纹。两侧饰有绿色流苏。

204 白色丝绸打籽绣荷包
19 世纪
宽 14.5cm，高 10.9cm

Inv. No.: 2015.221

椭圆形荷包，上端开口，两侧打结，可用来放置零钱等物品。面料用白色缎，纹样分为两层，底层为打籽绣聚宝盆纹样，然后在上面贴绣狮子绣球纹样，也用打籽绣。狮子是传统文化中的瑞兽，寓意喜庆吉祥。荷包边缘有编织花边，蓝色几何纹样。

白色丝绸打籽绣荷包

205 红色缎地打籽绣福禄寿荷包
19 世纪
宽 14.1cm，高 10.9cm

Inv. No.: 2015.222

椭圆形荷包，上端开口。面料用红色缎，打籽绣福禄寿等吉祥纹样，可见桃子、蝙蝠、铜钱和梅花鹿等图案的纹样，色彩皆用不同深浅的蓝色系。红色缎纹镶边，两侧用红色丝线打结。

红色缎地打籽绣福禄寿荷包

红色花卉纹暗花绸拉锁绣瓜瓞绵绵纹荷包

206 红色花卉纹暗花绸拉锁绣
瓜瓞绵绵纹荷包
19 世纪
宽 16cm，高 12cm
Inv. No.: 2015.223

椭圆形荷包，上端开口。面料用红色花卉纹暗花绸，拉锁绣瓜瓞绵绵纹，可见蝴蝶纹、南瓜纹等，寓意多子多福。色彩用不同渐变蓝色系，亦称三蓝绣。边缘处有万字纹缘饰。

打籽绣嵌白玉荷包

207 打籽绣嵌白玉荷包
19 世纪
宽 10.5cm，高 7.2cm
Inv. No.: 2015.224

此件荷包绣工丰富，几乎看不到白色缎地面料本身。由打籽绣蝴蝶和南瓜纹样构成瓜瓞绵绵纹，寓意多子多福。四周用渐变蓝色编织花边，顶端开口处有褶皱，缝缀白玉作为装饰。

208 中国结和流苏

19 世纪

长 18cm

Inv. No.: 2015.225

此件很可能为荷包上遗落的装饰，可见绿色绦带编织的中国结和一对黄色流苏。

中国结和流苏

209 黄色缎地拉锁绣三足金蟾纹荷包

19 世纪

宽 12cm，长 12cm

Inv. No.: 2015.226

此件荷包双面刺绣，上端开口，开口处有袋盖作为装饰。面料用黄色缎，拉锁绣纹样。一面为三足
金蟾纹，金蟾是古代传说中的吉祥之物，寓意招财进宝；另一面为瓜瓞绵绵纹，由蝴蝶和南瓜构成纹样，
寓意多子多福。荷包边缘处有几何纹编织缘饰。

黄色缎地拉锁绣三足金蟾纹荷包

210 浅黄色缎地绣孔雀纹荷包

19 世纪

宽 8.6cm，高 14.6cm

Inv. No.: 2015.227

此件荷包单面刺绣，穿着时悬挂于腰带上。面料用浅黄色缎，拉锁绣蝴蝶花卉山石纹样，五彩绣孔雀纹。四周有蓝色几何纹编织缘饰。绿色绦带，打中国结装饰。

浅黄色缎地绣孔雀纹荷包

211 浅黄色缎地绣虫草纹褡裢荷包

19 世纪

宽 9cm，长 27cm

Inv. No.: 2015.228

褡裢荷包分为两部分。中间用蓝色丝绸连接，有开口，可放置物品，穿着时一部分对折，悬挂于腰带之上。刺绣部分用浅黄色缎地，绣虫草纹样。一部分绣白菜、蝗虫、飞蛾、蝴蝶等图案的纹样；另一部分绣稻谷、螽斯、蝴蝶、蟋蟀等图案的纹样，寓意多子多福。边缘处有蓝色几何纹编织缘饰。

浅黄色缎地绣虫草纹褡裢荷包

212 黑色缎地打籽绣瓜瓞绵绵纹褡裢荷包

19 世纪

宽 9cm，长 27cm

Inv. No.: 2015.229

褡裢荷包分为两部分，前后两块有刺绣，中间用蓝色素缎相连，穿着时折叠，悬挂于腰间。刺绣部分用黑色缎地，打籽绣瓜瓞绵绵纹，由蝴蝶和南瓜构成，寓意多子多福。四周用黄色编织缘饰。

黑色缎地打籽绣瓜瓞绵绵纹褡裢荷包

黑色缎地刺绣褡裢荷包

此件褡裢荷包面料用黑色缎，刺绣做成博古图案，可见"清风明月"等文字。

214 彩缎拼缝绣花卉文字纹荷包

19 世纪末 20 世纪初

宽 10.9cm，高 11.6cm

Inv. No.: 2015.231

此件不同于常见的荷包样式，很可能是一个初学者的女红习作。其面料用红色、蓝色、黑色、黄色、白色彩缎拼缝，绣花卉纹和多处文字图案，有"修女容、谨女言、习女德、勤女功"，还有"富贵图、女儿经"等文字。四周用黑色缎镶边。

彩缎拼缝绣花卉文字纹荷包

白色缎地打籽绣牡丹花卉纹钥匙荷包

215 白色缎地打籽绣牡丹花卉
纹钥匙荷包
19 世纪
宽 5.4cm，高 10.5cm
Inv. No.: 22015.232

此件荷包为长方形，上端开口，
有绳索贯穿其中，上端打中国结边缘悬
挂，下面垂流苏用于装饰。荷包面料为
白色缎地，打籽绣牡丹花卉纹，背面还
可见南瓜纹和莲花纹。边缘处饰宝蓝色
滚边。

216 红色纳锦葫芦形荷包
19 世纪
宽 9.4cm，高 11.4cm
Inv. No.: 2015.233

此件荷包分为两部分。主体部分为葫芦形，面料用亮地纱，红色几何纹纳锦绣铺地，蓝色宝相花，绿色蝴蝶纹，编织缘饰。另有白色缎刺绣包盖，绣铜钱纹、蝴蝶纹和喜字纹。两部分用绿色绳索相连，绳索上端打结用于悬挂，下端打中国结饰流苏，并且嵌绿色蝴蝶形翠玉装饰。

红色纳锦葫芦形荷包

217 桃红缎地拉锁绣帽尾巴
19 世纪末 20 世纪初
宽 14cm，长 17cm
Inv. No.: 2015.234

此件应为童帽后侧的悬垂装饰，俗称帽尾巴。悬垂花瓣形状，由两层构成，上层为桃红色缎，拉锁绣蝴蝶纹样，底层为湖绿色缎，拉锁绣花卉纹样，边缘饰有机织花边和黑色滚边。红色暗花绸衬里。

桃红缎地拉锁绣帽尾巴

218 白色缎地刺绣虫草纹枕顶

19 世纪末 20 世纪初

宽 10cm，长 12.8cm

Inv. No.: 2015.235

此件应为枕头两侧的装饰图案，即枕顶部分。面料为白色缎，刺绣虫草纹样。四周饰机织花边和花卉万字纹镶边。

白色缎地刺绣虫草纹枕顶

219 几何纹蓝白两色枕顶

19 世纪末 20 世纪初

宽 9cm，长 12cm

Inv. No.: 2015.236

用蓝色、白色和黑色棉纱织出几何
纹样。可用作枕顶。

几何纹蓝白两色枕顶正面

几何纹蓝白两色枕顶反面

彩缎拼缝刺绣挂饰

220 彩缎拼缝刺绣挂饰

19 世纪末 20 世纪初

宽 15.5cm，高 19.5cm

Inv. No.: 2015.237

此件色彩亮丽，由色彩、形状各不相同的面料拼缝而成，拼接处用盘金绣连接。可见桃红、粉红、玫红、天蓝、宝蓝、湖蓝等多种色彩。刺绣纹样也颇为丰富，可见莲花、梅花、佛手、童子、金蝉等图案的纹样。顶端缝缀白色绦带以便悬挂。蓝色丝绸衬里。

彩缎拼缝年年有鱼纹挂饰一对

221 彩缎拼缝年年有鱼纹挂饰一对

19 世纪末 20 世纪初

宽 15.2cm，高 36.5cm

Inv. No.: 2015.238

此件采用不同色彩、不同形状的彩缎拼缝而成，拼接处用盘金绣连接。可见蝴蝶纹、鲤鱼纹、莲花纹，寓意年年有鱼，吉祥如意。蓝色丝绸衬里。

222 黑色缎地刺绣童帽

19 世纪后期

宽 23.2cm，高 16.5cm

Inv. No.: 2015.239

此件童帽由四部分拼接而成。前面三部分，中间为拉锁绣蝴蝶寿字纹，两侧分别为刺绣石榴纹和桃子纹，寓意多子多福。后侧面料无刺绣，缝缀的时候留出两个小耳朵，充满童趣。

黑色缎地刺绣童帽

黑色缎地刺绣花卉纹童帽反面

223 黑色缎地刺绣花卉纹童帽

19 世纪后期

宽 25cm，高 18.5cm

Inv. No.: 2015.240

此件童帽面料用黑色缎，刺绣花卉纹样，帽顶做出如意形状，仿古代官帽，寄托了对孩子将来考取功名的美好祝愿。

黑色缎地刺绣花卉纹童帽正面

224 彩缎拼缝刺绣花卉纹莲花形童帽

19 世纪后期

宽 13cm，高 10cm

Inv. No.: 2015.241

此件童帽由不同形状不同色彩的彩缎拼接而成。下面五片花瓣形面料，绣花卉纹，打结相连，帽顶也拼接成莲花形状，充满童趣。

彩缎拼缝刺绣花卉纹莲花形童帽

女装缘饰

225 女装缘饰

19 世纪

宽 7.5cm，长 87cm

Inv. No.: 183

黑色地蓝色显花机织花边，拼接黑色镶边，绿色里料。多用于汉式女性服装，作为缘饰。

226 黄色绦带

19 世纪末 20 世纪初

此类绦带亦称机织花边，在清代服饰中颇为常见，既可用于服装也可用于荷包鞋帽等作为装饰。

黄色绦带

九

染
织
图

　　《耕织图》是中国古代描绘农桑生产生活的成套图像资料，分为农耕图和蚕织图。《耕织图》被称为"中国最早完整记录男耕女织的画卷""世界首部农业科普画册"。其较早由南宋年间绍兴画家楼俦所作，他绘制《耕织图诗》45 幅，包括耕图 21 幅、织图 24 幅。作品得到了历代帝王的推崇和嘉许。天子三推，皇后亲蚕，男耕女织，这是中国古代很美丽的小农经济图景。此后耕织图比较著名的有南宋刘松年编绘的《耕织图》，元代程棨的《耕织图》45 幅等。清朝康熙南巡，见到《耕织图诗》后，感慨于织女之寒、农夫之苦，传命内廷供奉焦秉贞重新绘制。清康熙三十五年（1696），焦秉贞奉旨以西洋画中的焦点透视法绘制了《耕织图》46 幅，包含耕图 23 幅、织图 23 幅。每幅图内空白处均以小楷书楼璹五言律诗一首。由于康熙帝的赏识，于康熙五十一年（1712）将此图刻印成书，康熙五十三年（1714）又颁布此书为《御制耕织图》。其后，乾隆帝又收集和翻刻《耕织图》，《耕织图》的摹刻之风和推广在中国历史上形成了第二次高潮。一些府县纷纷刻板印发。《耕织图》的翻刻本屡见不鲜，主要有佩文斋本、点石斋本、内府彩色套印本等。同时《耕织图》的内容还被移植到其他艺术之中，在各种场合以各种形式频频出现，如在石刻上、窗口木雕上、瓷器彩绘中、织花纹样中等都有《耕织图》的图案，如现故宫所藏青花瓷耕织图大碗、康熙五彩耕织图纹瓶等瓷器上的耕织图就摹自焦秉贞的《耕织图》。同时，地方印行的一些农书也以各种形式翻刻《耕织图》，如《幽风广义》《蚕桑萃编》《授时通考》等。耕织图的内容因此深入民间。

　　《棉花图》是记录棉花种植、纺织及练染的全过程工笔绘画。较早是在清乾隆三十年（1765）由直隶总督方观承所作，每幅图后面配以文字说明，装裱成《棉花图册》，在册首恭录清圣祖康熙的《木棉赋并序》，呈送乾隆皇帝御览。此后，乾隆应方观承的请求，为《棉花图册》的每幅图分别题写了七言诗一首，共计16首，同时准予将方观承所作诗句附在每幅图的末尾。方观承将经过乾隆御题的《棉花图册》正式定名为《御题棉花图》，并精心临摹副本，镌刻于珍贵的端石之上。在刻石之时，方观承增添了《方观承恭进棉图册折》《方观承恭缴御题棉花图折》《方观承御题棉花图跋》三文。相传方观承将《御题棉花图》交回宫中，只有《御题棉化图》刻石留在了直隶总督署。清亡以后，棉花图刻石流散到了保定的两江会馆，1954年由河北省博物馆收藏。

　　克莱门茨·内森先生捐赠给利兹大学的各国织造工艺图中有24幅为中国清代染织图。其中23幅为纸本水彩或水粉画，1幅为1799年在伦敦印制的版画。这些染织图作品主要是内森先生的父亲 Kurt A.Nathan 在20世纪50年代收藏起来的，他们父子俩都是纺织技术专家和实业家，因此收藏了一批出自不同国家、描绘各种形式织造工艺的艺术作品。

　　ULITA 保存的染织图，既不是传统的《蚕织图》，也不同于《棉花图》，它结合了两者的内容，既有丝织的部分，也有棉纺的内容。它更像是收藏者在不同版本的《蚕织图》和《棉花图》中，特别挑选了与染织技艺相关的内容，而关于养蚕和种棉的部分则较少。有些内容是重叠的，例如《弹华图》这种表达弹棉花手工技艺的图像有3幅，《织布图》有2幅。ULITA 保存的24幅染织图，内容与传统的染织图有很大不同。不仅采用了透视法，而且在构图上也更具西洋特色。

227 蚕蛾图

1790—1800 年

画框宽 53cm，高 43.5cm

画芯宽 48.5cm，高 39cm

LEEUA:2016.050

为了蚕蛾的繁衍，有的茧不水煮，不抽丝，就让它连在蚕簇上，挂在屋檐下。等到蚕蛾从茧里钻出来，样子像蝴蝶，全身披着白色鳞毛，但由于两对翅较小，已失去飞翔能力。人们会用竹丝扫帚把它们扫在一起，雌蛾体大，爬动慢；雄蛾体小，爬动较快，翅膀飞快地振动，寻找着配偶。一般交尾 3~4 小时后，雌蛾就可产下受精卵。蚕蛾产卵后，不久便会死去。蚕蛾重复着"卵→孵蚕→变蛹→化蛾"的过程，完成一代又一代的循环。这就是蚕的生命史。

雍正《御制耕织图》整经图诗曰："村门通往来，妇女无忙促。蛾影出茧翩，翅光腻粉沃。秧叶已抽青，桑条再见绿。送蛾往水边，流传叹农俗。"

蚕蛾图

228 缫丝图

19 世纪

画框宽 43.5cm，高 45.6cm

画芯宽 27.7cm，高 29cm

LEEUA:2016.038

....

　　将蚕茧抽出蚕丝的工艺概称缫丝。原始的缫丝方法，是将蚕茧浸在热盆汤中，用手抽丝，卷绕于丝筐上。图中显示的是手摇式缫丝车。缫丝工艺过程包括煮熟茧的索绪、理绪、茧丝的集绪、拈鞘、缫解、部分茧子的茧丝缫完或中途断头时的添绪和接绪、生丝的卷绕和干燥。除去有绪茧茧层表面杂乱的绪丝，理出正绪，将若干粒正绪茧的绪丝合并，经接绪装置轴孔引出，穿过集绪器（又称磁眼），上鼓轮、下鼓轮后，利用本身前后两段相互拈绞成丝鞘。然后把正绪茧放入温度40℃左右的缫丝汤中，以减少茧丝间的胶着力，使茧丝顺序离解。由丝鞘引出的丝，必须有条不紊地卷绕成一定的形式。无论何种卷绕形式，在卷绕时都要进行干燥。

　　雍正《御制耕织图》练丝图诗曰："烟分比屋青，水汲溪更洁。鸣车若卷风，映釜如翻雪。丝头入手长，观动缫丝娘。轧轧呈交响，人行于路香。"

缫丝图

229 练丝图一
1790—1800 年
画框宽 55.3cm，高 44.7cm
画芯宽 49.3cm，高 39.5cm
LEEUA:2016.053

练丝图一

230 练丝图二
1790—1800 年
画框宽 54.6cm，高 44.4cm
画芯宽 49cm，高 39.5cm
LEEUA:2016.051

....

　　在剥茧抽丝的过程中，生丝不可避免地会胶和混入一些杂质，这些丝胶和杂质虽然可以在缫丝时去除一部分，但是仍然会有一部分黏附在丝素上，它们的存在使生丝或坯绸显得粗糙、僵硬。所谓练丝，就是指进一步地去除其上的丝胶和杂质，使生丝或坯绸更加白净，以利于染色和充分体现丝纤维特有的光泽、柔软光滑的手感，具有优美的悬垂感。练丝帛技术水平的高低，直接影响丝绸质量的好坏。历来习惯把已练的丝叫"熟丝"，未练的丝叫"生丝"，以示差别，"熟""生"含有精粗之义，"熟"犹精制，"生"犹粗制。

练丝图二

络纱图一

231 络纱图一

19 世纪

画框宽 43.4cm，高 45.6cm

画芯宽 27.7cm，高 29cm

LEEUA:2016.043

232 络纱图二

19 世纪

装裱宽 40.5cm，高 56cm

画芯宽 34.5cm，高 37.5cm

LEEUA:2016.039

络纱是指将管纱、绞纱等重新卷绕成各种形式筒子的工艺过程。络纱时给纱线以适当的张力，使筒子成形良好，便于退解，同时还能去除纱线上的各种疵点。中国早在汉代就盛行手工络纱。1952 年山东滕县龙阳店以及随后各地出土的汉代画象石，都刻有正在操作络车的人物形象，说明汉代络车已成为民间普遍使用的纺织工具。

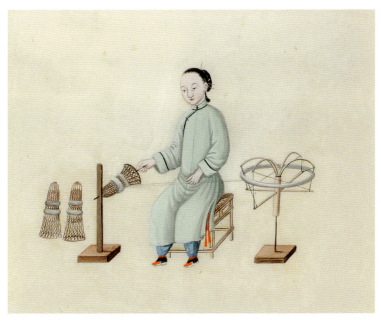

络纱图二

233 复摇图

19 世纪

画框宽 43.4cm，高 46cm

画芯宽 27cm，高 29cm

LEEUA:2016.044

....

　　复摇是将缫丝后卷绕在小丝籰上的生丝再卷绕到大丝籰或筒子上的工艺过程，其目的是使生丝成形良好，手触柔软，除去小丝片中的断头和疵点，使大丝片或筒装生丝达到一定的干燥程度和规格。

　　把小丝籰排列整齐，找出丝头，通过导丝圈、玻璃杆、络交钩挂上进行复摇。复摇机一般为铁木结构，主要由小丝籰浸水装置、导丝装置、络交装置、大丝籰和干燥装置等组成。生丝纤度细容易产生塑性变形，影响生丝强伸力，增加断头。复摇时大丝籰摇速不宜过快，干燥时间需适当延长。

复摇图

234 整经图一

19 世纪

画框宽 54.5cm，高 44.3cm

画芯宽 49cm，高 39.5cm

LEEUA:2016.052

235 整经图二

19 世纪

画框宽 54.5cm，高 44.4cm

画芯宽 29cm，高 27cm

LEEUA:2016.047

整经是织造前必不可少的工序之一，其作用是将许多篗子上的丝，按需要的长度和幅度，平行排列地卷绕在经轴上，以便穿筘、上浆、就织。古代整经用的工具叫经架、经具或纼床，整经形式分经耙式和轴架式两种。此图为轴架式整经工具。

轴架式整经工具始见于楼俦《耕织图》，其所载图文虽过于简单，但表明至晚在南宋时就已普遍使用这种整经工具了。其后元代的《农书》、明代的《农政全书》、清代的《豳风广义》等一些书籍记载得较为详尽，使我们可以知道它的全貌。根据这些记载，轴架式整经是将丝篗整齐排列在一有小环的横木下，引出丝绪穿过小环和掌扇绕在经架上（经架的形制是两柱之间架一大丝框，框轴固连一手柄）。一人转动经架上手柄，一人用掌扇理通纽结经丝，使丝均匀地绕在大丝框上后，再翻卷在经轴上。这种经具与经耙式相比，不仅产量高、质量有保证，而且对棉、毛、丝、麻等纤维都适用，故一直习用至近代。

雍正《御制耕织图》整经图诗曰："昨为篗上丝，今作轴中经。均匀细分理，珍重相叮咛。试看千万缕，始成丈尺绢。市城纨绮儿，辛苦何由见。"

整经图一

整经图二

236 浆丝图

1790—1800 年

画框宽 54.4cm，高 44.3cm

画芯宽 48.8cm，高 39.5cm

LEEUA:2016.054

浆丝在古代称"过糊"。对于轻薄的丝罗和色织练丝（熟丝）织物来说，由于丝条细或纤维间的抱合力差等原因，在织造时容易出现乱散、擦毛或引起断头，影响织造顺利进行，故需对经丝进行上浆。明代《天工开物》："凡糊用面筋内的小粉为质，丝罗所必用，续绸或用或不用。其染丝不存素质者，用牛胶水为之，名曰清绞丝。"由此说明，浆丝所用的糊料，根据织物的质地而定，丝罗等轻薄的丝织物，经丝本身含有丝胶质，则用小粉为糊，主要是为增加经丝强力。而熟丝表面丝胶较少，则需用牛胶水浆经。主要使精练或染色后的经丝能保持硬挺、光滑、不发毛等性能，便于顺利织造。

《御题棉花图》中布浆图乾隆诗曰："经纬相资南北方，藉知物性亦如强。刷纱束络俾成绪，骨力停匀在布浆。"方观承诗曰："缕缕看陈燥湿宜，糊盆度后拨车施。爬梳莫使沾尘污，想到衣成薄浣时。"

浆丝图

237 织布图一
19 世纪
画框宽 43cm，高 46cm
画芯宽 27.6cm，高 29cm
LEEUA:2016.042

238 织布图二
1790—1800 年
画框宽 54.5cm，高 44.4cm
画芯宽 49cm，高 39.4cm
LEEUA:2016.056

古代的手工织机是依靠人力带动，把线、丝、麻等原材料加工成丝线后织成布料的工具。图中显示的为踏板织机，织女手脚并用：脚踩踏板，控制经线开合方式；手持竹梭，来回穿梭纬线。织机采用脚踏板提综开口，这是织机发展史上一项重大发明，它以人的双脚踩踏来工作，将织工的双手从提综动作中解脱出来，以专门从事投梭和打纬，大大提高了生产率。

雍正《御制耕织图》整经图诗曰："一梭复一梭，委委青灯侧。明明机上花，朵朵手中织。娇女倦啼眠，秋虫寒语唧。檐头月已高，盈䚡惊晓色。"

《御题棉花图》中布浆图乾隆诗曰："横纬纵经织帛同，夜深轧轧哪停工？一般机杼无花样，大辂椎轮自古风。"方观承诗曰："轧轧机声地窖中，窗低晓日户藏风。一灯更沃深宵焰，半匹宁绸竟日功？"

织布图一

织布图二

239 轧核图

19 世纪

画框宽 43.4cm，高 45.6cm

画芯宽 27.7cm，高 29cm

LEEUA:2016.057

　　轧核是原棉加工的第一步工序，即把棉花内的棉子挤轧出来。在 11 世纪到 13 世纪期间，一般使用简单的铁筋或铁轴"碾去其子"，图中显示的便是这种原始的技艺。元代时出现"木棉搅车"，它利用曲柄碾轴，使"两轴相轧，则子落于内，棉出于外"。

　　《御题棉花图》中轧核图乾隆诗曰："转毂持钩左右旋，左惟落核右惟棉。始由粗末精斯得，耡杵同农岂不然。"方观承诗曰："叠轴拳钩互转旋，考工记绘授时编。缫星踏足纷多制，争似瓤花落手便？"

轧核图

弹华图一

240 弹华图一

1790—1800 年

画框宽 54.5cm，高 44cm

画芯宽 49.2cm，高 39.5cm

LEEUA:2016.049

弹华图二

241 弹华图二

19 世纪

画框宽 44cm，高 46cm

画芯宽 28cm，高 29cm

LEEUA:2016.036

弹棉花，又称"弹棉""弹棉絮""弹花"，是中国传统手工艺之一，历史悠久，我国至迟在元代即有此业，时至今日仍有操此行业者。元代王桢《农书·农器·纩絮门》载："当时弹棉用木棉弹弓，用竹制成，四尺左右长；两头拿绳弦绷紧，用县弓来弹皮棉。"

242 弹华图三

1799 年

画框宽 39.5cm，高 47cm

画芯宽 24cm，高 31.5cm

LEEUA:2016.067

弹棉，实际上指的是弹棉胎，也有弹棉褥。棉花去籽以后，再用弦弓来弹，絮棉被、棉衣的棉，就加工到这一步。如过去女儿嫁妆的棉絮都是新棉所弹。一般人家也有用旧棉重新加工弹的。弹棉工具有大木弓，用牛筋为弦；还有木槌、铲头，磨盘等。弹时，用木槌频频击弦，使板上棉花渐趋疏松，以后由两人将棉絮的两面用纱纵横布成网状，以固定棉絮。纱布好后，用木制圆盘压磨，使之平贴，坚实、牢固。

《御题棉花图》中弹华图乾隆诗曰："木弓曲引蜡弦绷，开结扬茸白毵成。村舍比邻闻相杵，铮铮唱答合斯声。"方观承诗曰："似入芦花舞处深，一弹再击有馀音。何人善学剺丝理，此际如添挟纩心。"

弹华图三

纺线图一

243 纺线图一
1790—1800 年
画框宽 43.5cm，高 46cm
画芯宽 27.7cm，高 29cm
LEEUA:2016.041

244 纺线图二
19 世纪
画框宽 44cm，高 46cm
画芯宽 28cm，高 29cm
LEEUA:2016.048

纺线图二

纺线是将弹制好的棉花纺成棉线，由人工手摇，可日纺八两。棉条固定在纺线人的左手方，纺线人手摇纺车，将棉条一头一边往外拉，一边一个方向旋转（一般是反时针）搓，左右手配合合理。右手摇车，左手控制棉条往外均匀地拉，节奏是"短—短—长"，纺出均匀而有韧性的纱线。

《御题棉花图》中纺线图乾隆诗曰："相将抽绪转轩车，工与缲丝一例加。闻道吴淞别生巧；运轮却解引三纱。"方观承诗曰："络纬声中夜漏迢，轻匀线绩比丝缫。茅檐新妇夸身手，得似丝纤价合高。"

245 捻线图一

19 世纪

画框宽 54.5cm，高 44.4cm

画芯宽 49cm，高 39.3cm

LEEUA:2016.055

捻线图一

246 捻线图二

19 世纪

画框宽 43.4cm，高 45.6cm

画芯宽 27.7cm，高 29cm

LEEUA:2016.068

　　加捻是一个把原料丝绕成线的过程，通常一根线由 24 根丝组成，24 根丝要相互缠绕才能使线更加结实精致，打线绕得越紧，也就是捻度越高，织出来的布就相对越紧致，垂感好，牢度好。不加捻的话就是没有打线，丝和丝之间没有缠绕在一起，布面松弛，牢度差。

　　捻向是指纱线加捻后，单纱中的纤维或股线中单纱呈现的倾斜方向。它分 Z 捻和 S 捻两种。加捻后，纱丝的捻向从右下角倾向左上角，倾斜方向与"S"的中部相一致的称 S 捻或顺手捻；纱线的捻向从左下角倾向右上角，倾斜方向与"Z"的中部相一致的称 Z 捻或反手捻。一般单纱常采用 Z 捻，股线采用 S 捻。

捻线图二

染布，指把布染成需要的颜色，一般是通过染坊（又称染缸坊，染布作坊）完成。染布前需先煮，使布浸水去"浆力"，同时调配颜色。染布因用染料不同，染法也不一样，主要有浸染和煮染两种。浸染就是把布浸入调好颜色的缸中上色。失去"浆力"的布从锅里捞出控水晾干后，放入染缸中浸泡适当的时间，让白布充分吸收染液中的颜色，捞出放在担缸板上，略沥浮水再用木桩、木棍拧，然后搭在晾布架上晒干。

乾隆书法题诗《御题棉花图》中练染图诗曰："五色无论精与粗，茅檐卒岁此殷需。布棉题句廑民瘼，敬缵神尧耕织图。"

染布图

248 刺绣图

19 世纪

画框宽 43.4cm，高 45.6cm

画芯宽 27.7cm，高 29cm

LEEUA:2016.046

刺绣是针线在织物上绣制的各种装饰图案的总称，即用针将丝线或其他纤维、纱线以一定图案和色彩在绣料上穿刺，以绣迹构成花纹的装饰织物。它是用针和线把人的设计和制作添加在任何存在的织物上的一种艺术。刺绣是中国传统手工艺之一，在中国至少有二三千年历史。刺绣的技法繁多：错针绣、乱针绣、网绣、满地绣、锁丝、纳丝、纳锦、平金、影金、盘金、铺绒、刮绒、戳纱、洒线、挑花等。

刺绣图

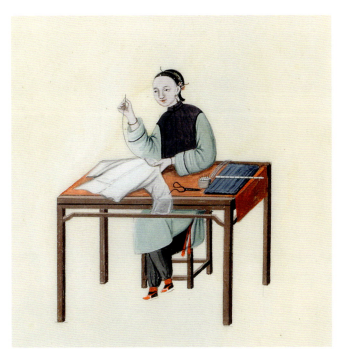

成衣图一

249 成衣图一

19 世纪

装裱宽 40.5cm，高 56cm

画芯宽 34.5cm，高 37.5cm

LEEUA:2016.040

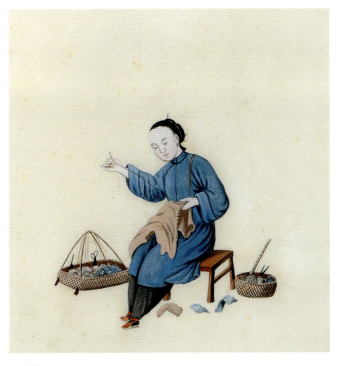

成衣图二

250 成衣图二

19 世纪

装裱宽 43.4cm，高 45.6cm

画芯宽 27.7cm，高 29cm

LEEUA:2016.045

布帛、成衣、剪刀、竹尺、穿针走线，衣服慢慢成形。图中显示了传统的缝衣场景，女性穿针引线，裁剪缝制，旁边摆放着各种缝衣工具。

雍正《御制耕织图》成衣图诗曰："九月授衣时，缝纫已难缓。戈戈细剪裁，楚楚称长短。刀尺临风寒，元黄委云满。帝力与天时，农蚕慰饱暖。"

后记

2014 年 Michael Hann 教授访问上海纺织服饰博物馆时，提起利兹大学收藏了 200 多件中国传统纺织服饰品。作为一个纺织服饰史专业的学者，我表达了对这些藏品的浓厚兴趣，并初步讨论了合作的想法。此后几经波折，终于在利兹大学国际纺织品档案馆（ULITA）见到了这些藏品，我感到非常荣幸，一方面为祖国的传统文化感到骄傲，另一方面也被它们所传达的信息深深吸引。它们既是中国的，也是世界的，它们传递了中国文化，同时也融合了西方审美。它们大多源自 19 世纪，于 1930 年代流入海外，经历了百年沉淀，再回归祖国，以著作的形式与国内的学者和相关读者见面。对这一批实物的录入和研究不仅其本身具有历史意义，同时对中国传统纺织服饰文化的弘扬和传播，对于提升中国服饰文化软实力和国际地位皆有裨益。

本书作为上海文教结合"高校服务国家重大战略出版工程"项目，得到了众多单位和专家的帮助和支持，是团队共同努力的成果。作为本书的作者，我本人承担了大部分工作，包括书籍框架结构的制定，内容的撰写和图像的采集，以及统筹协调等工作。书中收录藏品 250 件／组，均由我负责甄选、定名、断代、分类和分析，并在馆藏目录的基础上撰写完成。大部分藏品的图像由我拍摄，部分由档案馆提供。英国利兹大学设计理论系主任、国际纺织品档案馆馆长 Michael Hann 教授为本书撰写了序言和论文部分，还参与了藏品的定名、断代和分析，并提供大量图像资料。本书的另一位作者东华大学国际时尚创意学院主任、纺织品专家钟宏教授，曾于 20 世纪 80 年代末做过利兹大学藏清代织物相关目录，书中部分藏品的分析内容，是在钟教授做的藏品目录基础上展开的。此外，钟教授还参与了论文的撰写，部分英语内容的翻译校对工作。我在利兹访问期间，钟教授无论在工作上还是精神上他都给了我很多帮助和关怀，感激之情，无以言表。

该项目的策划和起源得到了东华大学服装设计艺术学院教授、我的导师包铭新教授的指导，以及蒋智威先生的大力支持。在项目执行期间，蒋智威教授曾给我很多帮助和支持，尤其是在遇到困难的时候，蒋智威教授的指点给了我坚定的勇气和力量。在利兹大学国际纺织品档案馆期间，还得到了档案馆研究员 Jill Winder 的协助和支持。此外，利兹大学纺织品设计专业博士王超然、我的朋友兼学生 Nicolas Lor 和李璞、本书的责任编辑马文娟都为本书提供了不可或缺的贡献，在此一并致谢！

博物馆藏品的录入和传播是一个基础性的工作，然而对于学术研究，却是重要的根基性工作。像利兹大学这样数量可观的中国藏品，长期以来却在国内不为人知，期待本书能够将其带入专业学者的视野，吸引读者对中国传统纺织服饰文化的认知和认可，为更多专业研究提供依据，为相关专业的创作激发灵感。

李晓君

2019 年 3 月 22 日

于上海纺织服饰博物馆

补充：

在本书付印之前，获知利兹大学内部收藏管理设置的最新调整信息如下：

1）内森先生所藏的 24 幅画作均在利兹大学艺术收藏（University of Leeds Art Collection）中保存。

2）ULITA 清代织物收藏已归入利兹大学图书馆的国际纺织品特别收藏。日后有意了解和研究该收藏之藏品者请用 ITC（International Textile Collection）编号查询。

Afterwords

This project started in 2014 when Professor Michael Hann visited Shanghai Textile and Clothing Museum. He told me there are more than two hundred pieces of Chinese textiles in a collection at Leeds University. As a museum curator and researcher, I was not only surprised but interested as well in the collection; and I had an idea to write a book. After several years of preparation, I finally saw the collection in ULITA in 2018. I was attracted by the cultural and historical stories behind them. Originally from China, they are currently spread throughout the whole world. Our history, our pride is being shown through a western aesthetic. I am very proud of our traditional Chinese textiles. Most of them were originally made in China during the 19th century, and exported around 1930's. After almost a hundred years adventure, these significant textiles of our people, are finally coming back to China in this book! I feel honored to be the first Chinese scholar who is going to publish them. I believe this work is not only momentous for Chinese people, but also it was critical to research and record the collection for our future generations. I hope this book will make a great contribution, and inspire our children to continue to learn and spread the development of Chinese traditional culture.

The book was financially supported by the National Strategic Publishing Project from the Shanghai Education Bureau. As the main author, I was in charge of the whole book. I chose the collection for the book and categorized them, gave them a Chinese name and analyzed the time they were made, painstakingly trying to find the history behind them. I took most of the photographs. Some of them are provided by ULITA. Professor M.A. Hann, who was Chairman of Design Theory at Leeds University, and director of ULITA at the time, wrote the preface and essay in the book. He also took part in the analysis of the collection and provided some of the pictures. Professor Zhong Hong, Advisor at SCF International Cooperation at Donghua University, wrote an essay for the book as well. In the 1980s Professor Zhong Hong worked on documentation of the collection. Some of our research is based on his work. He also contributed to the English translations. When I was working at Leeds University, he generously supported and helped me. I greatly appreciate it.

The book was inspired and encouraged by the following professors and colleagues. Prof. Bao Mingxin and Jiang Zhiwei helped me to figure out the composition of the book. Curator Jill Winder from ULITA assisted me when I was researching at University of Leeds. Doctor Wang Chaoran, my friend who greeted me cordially in Leeds. My students Nicolas Lor and Li Pu helped me compose some of the English and pictures chosen for this book. My editor Wenjuan Ma , many thanks for help and contribution for this book. And I'd like to express my gratefulness to all of them. I hope all of China will recognize the passion and honor we instilled into this project.

It may seem basic but it is not, to record and research museum collections, dive into history, our history, one must almost become a detective. The Chinese textiles at ULITA are an impressive and special collection. I hope this book will bring them back to China, attract Chinese scholars and students' attention, and inspire more research and book creations! To be honest I'm happy, honored, and proud to write this book.

Jillian Li

Ph.D. from Donghua University

Curator of Shanghai Museum of Textile and Costume

March 22, 2019, Shanghai

Additional afterwords

Before the book was published, we received notice from University of Leeds as follows:

1) The painting collection from Clements N. Nathan now belongs to the University of Leeds Art collection.

2) The Chinese Textiles collection in ULITA now belongs to the library in University of Leeds. As a special international Textile collection, it is indexed with ITC(International Textile Collection).